北京国际形象与对外文化传播

IMAGE OF BEIJING
AND INTERNATIONAL COMMUNICATION

曲茹 主编

清华大学出版社
北京

版权所有，侵权必究。举报：010-62782989，beiqinquan@tup.tsinghua.edu.cn。

图书在版编目（CIP）数据

北京国际形象与对外文化传播 / 曲茹主编. —北京：清华大学出版社，2023.9
ISBN 978-7-302-64643-3

Ⅰ.①北… Ⅱ.①曲… Ⅲ.①形象—研究—北京②文化传播—研究—北京
Ⅳ.①D6②G127.1

中国国家版本馆CIP数据核字（2023）第182145号

责任编辑：纪海虹
封面设计：万墨轩图书　　吴天喆
责任校对：王荣静
责任印制：丛怀宇

出版发行：清华大学出版社
网　　址：http://www.tup.com.cn，http://www.wqbook.com
地　　址：北京清华大学学研大厦A座　　邮　编：100084
社 总 机：010-83470000　　邮　购：010-62786544
投稿与读者服务：010-62776969，c-service@tup.tsinghua.edu.cn
质量反馈：010-62772015，zhiliang@tup.tsinghua.edu.cn
印 装 者：三河市东方印刷有限公司
经　　销：全国新华书店
开　　本：170mm×240mm　　印　张：11.25　　字　数：182千字
版　　次：2023年10月第1版　　　　　　　印　次：2023年10月第1次印刷
定　　价：78.00元

产品编号：099570-01

本书为北京宣传文化引导基金资助项目

序：借力短视频国际传播，构建新时代北京形象

北京是全国政治中心、文化中心、国际交往中心和科技创新中心。这是首都城市功能定位赋予北京国际传播能力建设的巨大优势，也是巨大挑战。深刻认识国际传播的重要责任、巨大优势和严峻挑战是北京外宣工作需要长期研究探索、不断创新、不断发展的重大课题。北京外宣就是首都外宣，要树立全球视野、国家站位、首都定位、首善标准，着眼北京发展新阶段、新方位、新要求，以大国首都大外宣、全面立体大样子为定位和目标，主动服务国家外交外宣战略，努力构建与北京四个中心定位和国际影响力相匹配的大外宣格局，营造于我有利的国际舆论环境，对外传播最新、最美、最好的北京形象，塑造可信、可爱、可敬的中国形象。

媒体是国际传播塑造城市形象的主阵地，而社交媒体是国际传播的新赛道，移动传播、视频传播、社交传播是传播新趋势，融媒体传播、新媒体传播、视频直播更是国际传播新业态。我们应深刻认识到，传统主流媒体话语权仍然被以欧美为代表的西方国家所掌握，我们不选择放弃外国主流媒体这块阵地，但应重视作为国际传播新赛道的境外社交媒体，不断拓展和扩大社交媒体与短视频传播这个增长点，用好境外社交媒体，用好互联网这个最大变量，以移动优先为战略，实现国际传播弯道超车。

具体而言，我们应突出北京作为大国首都的特点，厘清和坚定工作思路，着力坚持做强主流传播、主场传播、主力传播、主心传播。

1. 坚持做强主流传播。主流传播核心是价值传播。以习近平同志为核心的党中央，以巨大的政治勇气和责任担当提出构建"人类命运共同体"的重大愿景。做强主流传播，就是要围绕对外宣介习近平新时代中国特色社会主义思想、构建"人类命运共同体"这个首要任务，将之贯穿国际传播工作始终，自觉落实到国际传播全过程，把党中央要求、北京政策转化为受众语言、国际话语、品牌活动来弘扬传播。

2. 坚持做强主场传播。充分发挥北京作为首都的主场优势，做强国际传播。全力以赴服务国家主场外交，精益求精地开展北京主场外宣，充分利用在京举办的主场外交活动、主场国际赛事、主场国际活动、主场重大政治活动、主场重大庆典等平台，全方位、多角度地展示全面、立体、真实的北京，以首都风范、古都风韵、时代风貌展示国家形象，传播中华文化，服务民族复兴。主场传播是北京结合四个中心城市定位和首都特殊的重要地位开展新时代首都外宣的主战场。

3. 坚持做强主力传播。影响有影响力的主力人群，选择有国际影响力的主力渠道，是国际传播构建国家形象的首选。抓住送上门来的国际传播契机，牢牢锁定来京出席主场活动的国家政要、使馆官员、高端智库、媒体高层、国际组织与国际赛事负责人等主流人群，精准开展国际传播，巧妙地吸引来华来京的各国主流人群，使他们成为北京城市形象的关注者、热爱者、传播者，发挥来京外国主流人群数量多、层级高、影响大的优势，塑造北京城市国际形象。

4. 坚持做强主心传播。主心外宣，就是传播人类社会最大公约数，融通情感、增进了解、传播文化、建立互信，促进各国民心相通、心心相印，推动各国文明互鉴、各美其美、美美与共、天下大同。以文载道、以文传声、以文化人，深入开展各种形式的人文交流活动，向世界阐释、推介更多具有中国特色、体现中国精神、蕴藏中国智慧的优秀文化，通过多种途径推动我国同各国的人文交流和民心相通。

用心、用情做好每一次国际传播、每一场形象塑造，构建与北京四个中心定位和国际影响力相匹配、与大国首都相匹配的良好国际形象，是一项任重而道远的工作，需要学界、业界各方力量激荡思想、凝聚智慧。《北京国际形象与对外文化传播》一书既有多位国际传播领域的专家学者对北京国际形象与对外文化传播研究相关议题的深入思考，也有针对对外文化传播品牌案例的深度解析，以及对北京国际形象前沿问题的探索性研究，为进行北京城市形象传播、国际传播、对外文化传播的研究者和政府及企事业单位进行国际传播、对外文化传播工作的从业者提供了研究思路与实践经验。是为序。

徐和建

2022 年 9 月

目　录

上编　北京国际形象与短视频传播　1

2020"爱上北京的100个理由"主题短视频大赛：
　　以精准传播提升北京国际传播效能　2
2021"爱上北京的100个理由"主题短视频大赛：
　　特色外宣活动提升北京城市形象传播　9
中话西说借嘴发声，跨文化讲述中国故事
　　——关于城市形象国际传播的若干思考　16
短视频国际传播对北京城市形象的建构分析　24
讲好北京故事与高校文化传承创新的交融互洽　35

中编　北京冬奥会与国际传播　47

大道至简与寻求共鸣
　　——北京冬奥会讲述中国故事新理念　48
奥运与团结：后北京冬奥的中国体育国际传播　62
符号学视域下国际传播的话语建构与价值表达
　　——以北京冬奥会开幕式为例　77
以路为媒与空间转向：北京城市形象传播的新理路
　　——基于"双奥之城·看典"系列活动的考察　87

下编 北京城市形象与对外文化传播　　*101*

发挥"双奥之城"优势，以城市品牌国际传播促进
　　北京城市国际美誉度和吸引力建构　　*102*
国际传播语境下北京城市形象建构的叙事策略　　*119*
北京国际交往中心城市品牌战略研究　　*131*
大数据视野下北京城市形象的他塑与自塑　　*140*
超越政治化符号
　　——影视剧在非洲如何传播北京的城市形象　　*155*

编后记　　*171*

上 编

北京国际形象与短视频传播

2020"爱上北京的100个理由"主题短视频大赛：以精准传播提升北京国际传播效能

谢豫　罗佳　赵德璧

2020"爱上北京的100个理由"主题短视频大赛，有力号召了千名外国友人共鉴北京之新、共赏北京之美、共享北京之好，以千种理由表达对北京的热爱之情。最终，形成百部优秀短视频，以外国人的视角和表达方式向世界展示、传播北京良好的城市形象，彰显中国抗疫成果和发展成就，为建党百年献礼。

大赛对目标人群和受众实施了定向的精准传播，无论是在时间观念、空间位置、内容定位还是理想的目标人群、受众特征圈定、传播渠道选择等方面都做到了精准传播。

一、基本情况

2020"爱上北京的100个理由"主题短视频大赛（以下简称大赛），由北京市人民政府新闻办公室主办，面向在京及京外热爱北京的外籍人士广泛征集主题短视频作品，旨在借助他们的独特视角和不同文化背景的表达方式，以备受国内外年轻人青睐的短视频为载体，以充满人文情怀的"爱上北京的理由"为主题，真实、立体、全面地对外展示最新、最美、最好的北京城市形象，传播北京古都文化、红色文化、京味文化、创新文化，讲好新时代的北京故事。

大赛自2020年10月启动以来，有来自64个国家的近千位外国友人参与其中，共征集短视频921部，经过网络投票、专家评审，最终评选确定特等奖5名、一等奖10名、二等奖15名、三等奖20名及各类单项奖。2021年5月14

日,大赛在故宫博物院报告厅隆重举办颁奖典礼,时任中宣部副部长的蒋建国、北京市委常委、宣传部部长莫高义及故宫博物院院长王旭东出席典礼并为获奖代表颁奖;北京市委宣传部副部长、市政府新闻办主任、市政府新闻发言人徐和建及北京市人民对外友好协会常务副会长张谦等领导发表致辞并为获奖代表颁奖。大赛优秀作品被译制成英语、日语、韩语、法语、西班牙、俄语等多语种版,并通过抖音、快手、B站、优兔(YouTube)、脸书(Facebook)、推特(Twitter)、抖音海外版(TikTok)等知名社交平台和主流新媒体平台向国内外广泛推介,进一步扩大"爱上北京"品牌的海外传播力和影响力。

二、传播亮点

(一)前期调研:短视频+符号体系,赋能城市形象塑造

2019年抖音上线"抖incity城市美好生活节",落地全国30余个城市开展线上+线下联动活动,线上话题阅读量超100亿。其"BEST"符号体系为城市主流引导提供了明确的道路。成都、西安等城市灵活运用符号体系,做好用户引导,成功实现了用户—城市形象的初始化或优化,借助移动端短视频的优势,一跃成为"网红城市"。该活动为短视频时代国内城市文化、形象塑造、IP营销提供了可参照的案例。本次活动在借鉴经验的同时,结合首都北京城市特点和外宣需求,在兼顾原有征文、摄影展的基础上,开展视频创作大赛,尤其是短视频创作大赛,透过外籍人士的视角,一改刻板宣教的外宣模式,全面、立体地展现了首都北京的城市文化和形象,这是在城市形象外宣的活动中极具创新的一点。

(二)打造品牌活动,持续做好主心外宣

注重打造知名度高、覆盖面广、影响力大的文化交流品牌,以文化促进民心相通。近年来,我国策划推出了以"走出去"为主的"魅力北京"品牌、以"请进来"为主的"爱上北京"品牌,此次大赛即为2020年"爱上北京"品牌下的旗舰项目。大赛引导广大受众聚焦北京,并反复强调"爱上北京的100个理由"这个主题,进而在受众心中悄然播下"爱上北京"的种子。优秀作品的二次传播再次传递并强化了"爱上北京"的品牌理念,加深了受众对"爱上北京"这个品牌的印象,增强了品牌黏性。下一步,我们还将继续丰富"爱

上北京"的品牌内涵,围绕"请进来"工作,策划更多形式多样、内容丰富的文化交流活动,以促进民心相融、相通。

(三)引导推广优秀作品,集中体现主流外宣

每个外国友人爱上北京的理由都是北京的精彩缩影和生动写照,一个个精彩的短视频作品生动讲述了最新、最美、最好的北京故事。他们在荧屏上真挚地表达着这份情感,有人爱上了北京的人文,他们说:"北京人很亲切,这里用温暖感动着我""这里的人都在为实现自己的梦想而不懈努力";有人爱上了北京的环境,他们说:"北京是一个绿色城市""这里的建筑很美丽""北京的一切都井然有序""北京的夜景很美";有人爱上了北京的活力,他们说:"北京的创新生态布局让人眼前一亮""北京的科技成果令人惊讶""在北京辛勤工作就能获得成功";更有人对北京作出充满激情的评价:"这里的一切都很不可思议""北京吸引了很多时尚、现代的年轻人""北京是世界上最舒适的城市之一"。

(四)特殊时期聚焦"请进来",有效开展主场外宣

2020年,新冠肺炎疫情在全球蔓延,各国将防疫、抗疫视为首要任务,对外宣传工作面临严峻挑战。北京市文化走出去工作在分管部领导带领下,及时研究对策,调整思路,坚持特殊时期外宣工作不失语、不缺位,策划2020"爱上北京的100个理由"主题短视频大赛。大赛面向在京及京外的外籍专家、外籍企业雇员、外国留学生等热爱北京的外籍人士,征集以"爱上北京的理由"为主题的短视频作品。大赛不仅巧妙激发对北京已有了解的外籍人士主动观察北京、赞美北京的能动性,还通过奖项激励,引导参赛选手通过个人渠道向他们的家人、朋友等身边人进行二次传播,从而达到在特殊时期下,春风化雨、润物无声地对外展示北京良好的城市形象、中国优秀的抗疫成果,彰显中国制度优势。

(五)结合短视频时代潮流,显著提升传播效果

北京市的城市形象塑造和城市形象海外传播历史由来已久,包括早期纯文字形式的主题征文和摄影展。面对新媒体时代的到来,提出5分钟以内短视频创作,既降低了创作门槛,又符合平台视频传播模式。在传统城市形象塑

造和海外传播成为基础模式的前提下,同时开展短视频创作大赛。参赛选手既包括新时代的年轻人,也包括热爱北京文化但不会视频创作的人们。这是一次在新模式下的成功尝试,为新媒体时代城市形象塑造和城市形象海外传播新业态提供了有力支持。

(六)关注"Z世代",拓展主力外宣人群

加大做好"Z世代"重点群体工作力度,借助高校资源引导"Z世代"人群关注、热爱北京。鼓励外籍教师、留学生等外籍人士亲历北京,发掘动人的北京故事,在北京留下美好回忆,从而对北京产生认同感、归属感。清华大学、北京大学、北京交通大学、北京第二外国语大学、首都经济贸易大学、中国农业大学、首都体育大学、北京科技大学等多所高校积极投稿,并有众多优秀作品获奖。同时,借助时下热门短视频平台烘托大赛热烈氛围。与抖音、快手等短视频交流平台建立共建共享的合作模式,快手开设2020"爱上北京的100个理由"话题,访问量达2313.9万人次,视频点赞留言互动频繁,话题热度长时间居高不减,有效地提高了大赛信息的传播力。

三、精准传播策略

(一)精准用户画像,点题定向邀约

在国际传播中,提高传播效果的关键在于对目标人群的精准认知。为了提高传播效果,大赛组委会提前对目标人群和受众进行预先画像和特征圈定的相关研究,并选择最接近目标人群和受众的京内外籍人士作为拍摄主体,以他们特殊的"他者"视角,展示他们的北京故事。通过拍摄不同国籍、不同地域、不同身份的外籍人士在北京的学习、工作、生活等方方面面的故事,多层次地展现丰富多彩、开放自信的北京文化。

大赛广泛动员在京外籍专家、外籍企业雇员和外国留学生等人群,并针对上述人群向重点单位、企业、高校,以及在京外籍网络名人定向邀约参赛。北京市友协、市教委、冬奥组委新闻宣传部等单位,京东集团、腾讯教育、快手科技、国际在线、四达时代、中阿卫视等企业,东城区、朝阳区、顺义区等区(工)委宣传(宣传文化)部积极组织辖区内的外国友人拍摄短视频作品参赛,另有安闹闹、Leo乐柏等一批在京外籍网络名人纷纷投稿,效果甚佳。同时,考

虑到短视频具有一定的专业性,我们组建了专业团队为参赛选手提供技术支撑,帮助参赛选手们将灵感拍摄成作品,协助参赛选手统一视频格式、加入活动主题画面、译制多语种版等,确保大赛作品质量和传播效果。除此之外,我们还列举了 60 余个北京著名景点、历史遗迹、传统文艺、城市风俗、特色美食、标志建筑和网红打卡地等供参赛选手参考,鼓励选手们深度探索北京。上述举措有效动员了外籍人士资源丰富的群体,搭建了技术支持与服务团队,引导了参赛选手们以科学的视角、合理的态度观察北京,讲述北京故事,最终孕育孵化了众多精品力作,成为北京城市形象的代言短视频。

(二)精准做好国际受众的网络分层传播

2020"爱上北京的 100 个理由"主题短视频大赛突出故事化表达和生活化视角,着力做好国际受众网络分层传播。建立接近性和共情感,是大赛优秀作品的国际传播具有可接受性的基础。参赛作品大多以个人化视角、生活化视角、情感化视角为依托,通过外籍人士在北京日常生活的真实记录,展示个人的真情实感与北京的相关性,呈现可触可感的真切故事。在京的海外留学生、中国移民二代、对华友好人士以及在华学习工作的外籍人士在大赛中发挥了重要作用,他们生活或穿梭于北京和西方社会,其视角更加具有跨文化的同理心,其传播更具有在不同文化和社会情境中生活的在地性,可以在更加微观和透明的社交叙事中增进不同国家受众对北京的真实观察和体验。

大赛组委会借助优质的海外社交平台账号,在网络国际传播方面注重整体统筹和差异化传播,优化国际传播的资源配置。针对不同区域、国家、群体,采取不同的传播策略。大赛优秀作品被译制成英语、日语、韩语、法语、西班牙、俄语等多语种版,并通过抖音、快手、B 站、优兔、脸书、推特、抖音海外版等社交平台和新媒体平台向国内外广泛推介,进一步扩大海外传播力和影响力。

(三)整合外宣资源,重构大外宣格局

充分调动中央和地方、官方和民间、机构和个人等各方力量,把蕴含在各地区、各部门的外宣资源有效汇聚起来,把不同主体做外宣的积极性充分激发出来,完善多元立体发声体系,增强综合协同效应。大赛得以成功举办,得益于各级领导的高度重视和全市各有关单位,以及有关在京企业、高校的鼎力支

持和通力合作。北京市友协、市教委、冬奥组委新闻宣传部等单位，京东集团、腾讯教育、快手科技、国际在线、四达时代、中阿卫视等企业，东城区、朝阳区、顺义区、经开区等区（工）委宣传（宣传文化）部积极动员所辖区域的外国友人，并组织拍摄短视频作品投稿参赛。

（四）领导重视是大赛成功举办的重要保证

大赛受到了各级领导的高度重视。蒋建国同志对大赛的成功举办给予了肯定和表扬，莫高义同志表示："这不仅是一个比赛，还会（为外国友人）创造一个机会深入了解中国文化、北京文化。"王旭东同志不仅在颁奖典礼上进行了致辞，还为颁奖典礼提供了场地方面的保障。同时，3位部级领导莅临大赛颁奖典礼并为获奖代表颁奖是对大赛最有力的支持与加持。大赛策划之初，徐和建同志带领对外推广处多次研究制订大赛方案，反复推演大赛各个环节的脚本和预案，精准锁定大赛受众群体，框定大赛合作单位，确定大赛运营模式，并持续指导大赛的整个过程和每个关键要素。中国互联网新闻中心总编辑王晓辉、北京市人民对外友好协会常务副会长张谦、中国传媒大学新闻学院院长隋岩、京东集团副总裁、腾讯教育负责人、快手副总裁，以及全市30余家单位、10余家中央和市属媒体、50余所在京高校有关负责同志出席了大赛启动仪式和颁奖典礼。

（五）优质伙伴的密切合作是大赛成功的坚实保障

北京第二外国语学院作为本次活动的承办方，高度重视此次活动：在校领导的重点关怀下，学校遵守全方位支持、多部门联动的原则，首都对外文化传播研究院联合各语言学院、专家学者、传播平台等单位多次召开工作推进会，以确保项目按时、保质保量推进，各部门代表均从自身角度提出切实可行的改进方案。在项目推进过程中，建立了良好的信息沟通反馈渠道，针对反馈的意见和建议及时反思并提出解决方案。在多次预演和修改之后，精心组织了2020"爱上北京的100个理由"主题短视频大赛启动仪式、大赛专家评审会、颁奖典礼以及部分展演节目。

校领导高瞻远瞩的指挥和多位专家学者的参与都为赛事的顺利进行起到了"定海神针"般的作用。在拍摄、制作和翻译等过程中，依据学校自身"多语种复语，跨专业复合"的资源优势，充分动员校内师生参加大赛，形成创作合力,激发了创新动力,进一步呈现了学校的国际化特色。同时,还积极为活动宣传造势。

北京第二外国语学院首都对外文化传播研究院作为项目的总负责和协调单位,发挥研究院平台优势,聚合多国大使馆文化中心力量、多语种专家资源,全力打造"爱上北京的100个理由"外宣品牌,为此次赛事活动作出了属于二外的贡献。

谢豫系北京市委宣传部对外推广处处长;罗佳系北京市委宣传部对外推广处干部;赵德壁系北京市委宣传部对外推广处干部

2021"爱上北京的100个理由"主题短视频大赛:特色外宣活动提升北京城市形象传播

曲茹　亢艳丽

2021年5月14日,2021"爱上北京的100个理由"主题短视频和征文大赛颁奖典礼在故宫博物院报告厅成功举办,标志着第一届"爱上北京的100个理由"主题短视频大赛的圆满结束。大赛致力于呈现外国友人眼中的北京形象,以外国朋友的视角讲述"最新、最美、最好"的北京故事,以多样的表现形式向世界展示真实、全面和立体的北京,从而让海内外更多的人认识北京、了解北京、爱上北京。该活动在筹办过程中展现出北京独特的城市形象,最终选取的优秀作品也为北京城市形象的有力传播作出了贡献。

大赛作为提升北京城市形象传播能力的宣传活动,具有官方发力搭台、校企合作的形式特色和聚焦微观视野、以个体叙事谋求共鸣的内容特色,以及打造品牌旗舰、与地标符号联合的活动特色。在后续的对外传播中,也做到了顺应时代的短视频潮流,体现了外宣主流引导、个体叙事补充的传播形式,实现了大赛成果的精准传播和持续传播。

一、基本情况

2021"爱上北京的100个理由"主题短视频大赛由北京市人民政府新闻办公室主办,北京第二外国语学院首都对外文化传播研究院、北京对外文化传播研究基地承办,于2020年10月至2021年5月期间举办。大赛主要面向在京外籍人士,以外国友人的视角讲述在京的生活经历和感受,展现"最新、最美、最好"的北京故事。大赛自2020年10月启动以来,有来自64个国家的近千位外国友人参与其中,共征集短视频921部,经过网络投票、专家评审,最终评选确定特等奖5名、一等奖10名、二等奖15名、三等奖20名及各类单项奖。5月14日,大赛在故宫博物院报告厅隆重举办颁奖典礼,时任中宣部副部长的蒋建国,北京市委常委、宣传部部长莫高义,故宫博物院院长王旭东出席典礼并为获奖代表颁奖,北京市委宣传部副部长、市政府新闻办主任、市政府新闻发言人徐和建与北京市人民对外友好协会常务副会长张谦等领导发表致辞并为获奖代表颁奖。

大赛的圆满成功,对于塑造北京良好的城市形象有所助益;赛后的优秀作品也被翻译为多种语言在海内外多个平台进行展播,为北京城市形象的对外传播发挥了积极作用。该活动的成功举办,巩固和坚实了"爱上北京"的品牌形象,有力、有效地提升了北京城市形象的传播力度和传播广度,为城市特色外宣活动提供典范,助力北京的"四个中心"建设。

二、活动特色

(一)强化品牌符号,打造品牌旗舰活动

城市品牌的定位和塑造对城市形象的提升与传播具有重要作用。通过打造具有城市特色和城市核心的代表性地标建筑与文化活动等形式,可完善、优化城市形象与其职能发展,促进城市形象的传播,加深大众对该城市的整体认知与情感认同。

2021"爱上北京的100个理由"主题短视频大赛通过外籍人士的视角,客观、真实地展现首都北京的城市形象。大赛全力打造以外国人讲述为主的"爱上北京"品牌活动,持续做好主心外宣,引导广大受众聚焦北京,并反复强调"爱上北京的100个理由"这个主题,加深受众对"爱上北京"这个品牌的印象。在大赛结束后,邀请专家学者对参赛作品进行专业评审,并进行二次宣传,引导、推广优秀作品,借此加固对"爱上北京"这一品牌的传播塑造。聚焦外籍人士讲述的北京城市印象和城市故事,让城市形象更加立体多元,使"爱上北京"这一品牌产品内容更加丰富、包容。

此外,第二届"爱上北京的100个理由"短视频征集大赛也已在2022年开启。第一届大赛的圆满收官,为第二届大赛的举办成功续航,打造了具有稳定持续能力、输出能力的北京城市品牌旗舰活动,为北京城市形象的塑造与传播助力。

（二）主流外宣发力搭台，全方位整合资源助力

2021"爱上北京的100个理由"主题短视频大赛由北京市人民政府新闻办公室主办，是一次成功的主流外宣尝试。此次大赛由政府部门搭台引导，联合各单位、企业、媒体、高校等，全方位整合社会可利用资源，发挥各方优势，为大赛助力支持，全力推进大赛在筹备、行进、收尾及赛后传播等各个环节的顺畅通行，并取得显著成果，有效地开展了主场外宣。

北京市人民政府新闻办公室作为主办方，统筹大赛全局，为活动的推进、细节的敲定等方面持续作出指导；北京第二外国语学院首都对外文化传播研究院、北京对外文化传播研究基地作为承办方，积极协调北京市各区、委办局、高校等单位参赛，同时充分动员校内师生参加大赛，并精心组织了2021"爱上北京的100个理由"主题短视频大赛启动仪式、大赛专家终评会、颁奖典礼以及部分展演节目；在大赛的启动仪式和颁奖典礼上，市委统战部、市委教育工委、市台办、市科委、市人社局等全市30余家单位、10余家中央和市属媒体、50余所在京高校有关负责同志悉数出席，体现对大赛的鼎力支持和持续关注。

（三）面向多层人群，高校与企业合作团结新力量

2021"爱上北京的100个理由"大赛在筹办之初，组委会提前对目标人群和受众进行预先画像和特征圈定的相关研究，并选择最接近目标人群和受众的京内外籍人士作为拍摄主体，以他们特殊的"他者"视角，展示他们的北京故事。通过拍摄不同国籍、不同地域、不同身份的外籍人士在北京的学习、工作、生活等方方面面的故事，多层次地展现丰富多彩、开放自信的北京文化。大赛广泛动员在京外籍专家、外籍企业雇员和外国留学生等人群，关注"Z世代"人群，拓展主力外宣力量，并针对上述人群向重点单位、企业、高校，以及在京外籍网络名人定向邀约参加大赛。同时，鼓励在校生、留学生、青年教师等外籍人士亲历北京，发掘北京的动人故事，产生对北京的认同感和归属感。考虑到短视频具有一定的专业性，大赛组委会组建了专业团队为参赛选手提供技术支撑。除此之外，大赛还为选手提供了60余个北京著名景点、历史遗迹、传统文艺、城市风俗、特色美食、标志建筑和网红打卡地等供参赛选手参考，鼓励选手们深度认识北京。

（四）聚焦微观视野，个体叙事谋求情感共鸣

大赛作品多以个体在北京的切身故事为主题，讲述这个城市的美景与风俗，在北京生活的故事和场景已真实、可感地融入他们生命之中，使这个城市不只是一个符号。视频中所展现的是在并不属于自己的场域中绽出本真的生活，这种切己的感受，是最具真实感和说服力的。

作品《京张铁路的人和故事2》随着外国青年的镜头看新京张铁路的修缮，串联起艰苦奋斗的历史和新时代的冬奥盛会。作者将切身感受到的铁路建设和运营的体验记录下来，从个体不懈奋斗通向和谐未来，以异域视角指向相同的对美好生活的期待。作品《北京伴我成长给我自信》记述来自加蓬的周埃乐从一开始刚到北京的茫然到现如今的自信，在北京收获了事业和成功。在谈及自己的转变时，周埃乐说，是北京让我找到了自己的定位，能够做自己……北京作为政治文化中心，也是一座具有温情的城市，能够为来到此地追求梦想的人提供更多机会与可能。大赛以一种微观视角聚焦个体在北京的变化与成长、努力及收获，这种贴近生活的叙事无一不强烈地表达了外籍人士对北京的认同感与归属感，引发受众共鸣，也充分体现了北京这座城市的开放与包容。

（五）故宫场地合作，加强地标符号联合

2021年5月14日，2021"爱上北京的100个理由"主题短视频和征文大赛颁奖典礼在故宫博物院报告厅成功举办。这无疑是城市品牌活动与地标性建筑的完美合作案例。2021"爱上北京的100个理由"主题短视频大赛立足于北京市的城市形象塑造与传播，以外国友人的视角对北京进行解读，在海内外掀起"首都热"，致力于让海内外更多人看到真实、全面、立体的北京。

而故宫作为最具北京特色的地标性建筑，汇聚、包含着中华传统文化的优秀成果，是最具北京城市印迹的符号之一。所以，此次活动典礼选择故宫博物院报告厅又一次凸显了"爱上北京"的主旨，也加深了此次活动与北京代表性文化地标的联系，让人印象深刻。故宫博物院院长王旭东在欢迎辞中表示，此次活动是故宫博物院为实现"文明交流互鉴的中华文化会客厅"愿景的一次重要实践。此次合作对于活动双方都具有重要意义：大赛在极具代表性的中国传统建筑场地为世界各国友人提供与展现了认识北京、了解北京、爱上北

京的平台和契机,而故宫博物院也展现了更加友好、开放与包容的姿态,努力讲好中国故事,共同践行习近平主席提出的"构建人类命运共同体"的伟大理念。

三、传播亮点

(一)顺应短视频潮流,多平台合作共建

城市宣传早期多利用纯文字形式进行主题征文和举办摄影展,面对新媒体时代的到来,大赛提出了5分钟以内短视频创作,既降低了创作门槛,又符合平台视频传播模式。在兼顾传统城市形象塑造和海外传播基础模式的前提下,同时开展短视频创作大赛。参赛者既包括新时代的年轻人,也包括热爱北京但不会视频创作的人们。大赛充分顺应短视频流行的时代潮流,采取更容易被外国受众接受的表达、易于传播的方式,有效扩大了参与人群与受众人群,进一步扩大了活动传播力、影响力、覆盖面,全面、立体、真实地展示了北京经济社会发展、城市风貌、文化意蕴和市民生活。

此外,大赛还与抖音、快手等短视频交流平台建立共建共享模式,快手开设2021"爱上北京的100个理由"话题,访问量达2 313.9万人次,视频点赞留言互动频繁,话题热度长时间居高不减,有效提高了大赛信息的传播广度和传播力度。

(二)外宣主流引导,调动多方有效协同

在对外传播方面,大赛组委会有效整合对外宣传资源,充分调动各主体对外宣传的积极性,健全、完善多维发声传播体系,增强综合协同作用;有针对性地对官方传播和个体传播主体提供帮助,使官方主流叙事与个体微观叙事相结合,优势互补,促进内容的广泛传播。所以,北京市相关单位、企业、大学的全力支持与配合也至关重要,它们是民间传播中的有效力量,能够以更真实、亲切的视角为受众所接纳和认同。

此外,大赛组委会借助优质的海外社交平台账号,在网络国际传播方面注重整体统筹和差异化传播,优化国际传播的资源配置;针对不同区域、国家、群体确定不同的传播策略。这些,都在宏观统筹方面为大赛成果的有效传播发挥了助推作用。

（三）精准人群参与投递，个体话语叙事助益传播

提高国际传播效果的关键在于对目标人群的精准认知。大赛初期已经做到精准用户画像、点题定向邀约，而这部分人群又同样可以作为传播主力。大赛巧妙激发对北京已有了解的外籍人士主动观察北京、赞美北京的能动性，还通过奖励，引导选手通过个人渠道进行二次传播，从而达到春风化雨、润物无声地对外展示北京良好的城市形象。

同时，大赛突出故事化表达和生活化视角，着力做好国际受众网络分层传播。建立接近性和共情感，是大赛优秀作品的国际传播具有可接受性的基础。参赛作品大多以个人化视角、生活化视角、情感化视角为依托，通过选手在北京的日常生活的真实记录展示个人真情实感与北京的相关性，呈现可触、可感的真切故事。在京的海外留学生、中国移民二代、对华友好人士，以及在华学习工作的外国人群体在大赛中发挥了重要作用，他们生活或穿梭于北京和西方社会，其视角更加具有跨文化的同理心，其传播更具有在不同文化和社会情境中生活的在地性，可以在更加微观和透明的社交叙事中增进不同国家受众对北京的真实观察和体验。

（四）活动作品持续发力，多语言、多渠道、多层次投放

大赛结束后，在微博视频号、微信视频号、官方快手号、抖音号等平台均发布了大赛获奖短视频展播。多平台的宣传展示，让更多人看到外国友人对北京城市的热爱，也唤起国人对北京的美好记忆。此外，2021年9月23日，深圳文博会在深圳国际会展中心开幕，2021"爱上北京的100个理由"主题短视频大赛的优秀作品作为北京展区的主要作品也参与了展出，为北京城市形象传播拓宽渠道、增加力量。

在国际传播方面，大赛优秀作品被译制成英语、日语、韩语、法语、西班牙、俄语等多语种版，并通过抖音、快手、B站、优兔（YouTube）、脸书（Facebook）、推特（Twitter）、抖音海外版（TikTok）等知名社交平台和主流新媒体平台向国内外广泛推介，进一步扩大"爱上北京"品牌的海外传播力和影响力。

2021"爱上北京的100个理由"主题短视频大赛虽已结束，但它所产生并留下来的视频作品还在为北京城市形象传播发挥着作用。无论在何时看起，都引人动容，让人共情于这座美好的城市。

四、结语

2021"爱上北京的100个理由"主题短视频大赛无疑是一次成功的主流外宣尝试。活动的筹办形式、涉及内容,以及后续传播状况和传播特色都可圈可点。大赛取得了显著成果,对北京市城市形象的完善和对外传播作出了重要的贡献。该活动案例表明,科学、合理的特色外宣活动对提升北京城市形象的传播具有重要作用和深远影响。

同时,我们也关注到,在此次活动中,城市形象的海外宣传仍存在诸多困难和挑战。例如:传播力度和参与人群有待进一步印深和拓展;二次传播平台政策、账号影响力的限制;视频制作者在主题把握和处理中所体现的文化差异等。这些问题在日后的工作中仍有待改进,研究出对应的解决方案与策略。

曲茹系北京对外文化传播研究基地主任、首都对外文化传播研究院院长;亢艳丽系北京第二外国语学院美学专业硕士生

中话西说借嘴发声，跨文化讲述中国故事
——关于城市形象国际传播的若干思考

刘美　冯爽　吴辛茹　郝云晖

【摘要】 当下，浏览短视频已成为大众获取新闻资讯和休闲娱乐的主要方式。其节奏较快，承载信息量大，内容故事性强，可引发受众共情。同时，愈发便捷的短视频拍摄和制作手段也让不少人完成了从视频消费者到创作者，从受众到传播者的角色转变。这种变化为城市形象宣传推介，在"自塑"之外提供了"他塑"的路径。随着中国对外开放水平的不断提高，中国对外国人的吸引力也在不断加强。因为文化等差异，他们观察中国的视角与我们不尽相同，通过他们自身的话语体系来讲述中国故事，能够更好地与外国受众建立联结，也更容易被接受。本文旨在以北京市人民政府新闻办公室主办、中国新闻网承办的第二届"爱上北京的100个理由"短视频征集大赛为例，探究城市形象国际传播在采用短视频征集模式及通过中央级媒体及新媒体矩阵平台境内外传播过程中取得的效果。

【关键词】 短视频；国际传播；文化；北京；城市形象；外国人

由北京市人民政府新闻办公室主办、中国新闻网承办的第二届"爱上北京的100个理由"短视频征集大赛于2022年1月11日线上启动。本次活动紧扣北京成为世界上首个"双奥之城"的契机，向在华生活、工作、学习的外籍人士广泛征集短视频作品，透过外国友人拍摄的视频视角对外传播，借此加强北京城市形象塑造，让外国人"读懂北京""爱上北京"。

习近平主席要求，要深入开展各种形式的人文交流活动，通过多种途径推动我国同各国的人文交流和民心相通。大赛启动以来，中国新闻网与短视频产

业头部平台开展深度合作,定点邀约外籍网红、达人等参与投稿,让他们讲述爱上北京的故事,搭建多圈层交流平台,借此培养一批知华、友华人士,使其成为跨文化传播和传递中国形象的使者,成为今后中外友好的切实推动者。

为全面提升国际传播效能,本届大赛以立体多元的传播方式实现大众传播、人际传播的双赢。据统计,本届大赛相关内容在境内外平台浏览量超10亿,多次登上微博话题热搜榜;在中国新闻网自有境内外平台和合作平台共发布相关主题各形态报道400余篇次;实现人民网、新华网、央视网、中国日报网、新浪、搜狐、腾讯等30余家中央、地方、商业媒体全面覆盖;20余家海外华文媒体落地200余篇次;不少外籍友人和海外受众也在社交平台自发转载宣传,将活动上线盛况传得更广远、更具影响力。例如,现任中华人民共和国驻加尔各答总领事馆总领事查立友对活动推特进行了推荐转发,中国外交部新闻司处长解勇军、中国驻黎巴嫩大使馆领事部主任曹毅等转发参赛选手相关推文。#爱上北京的100个理由#相关微博话题总阅读量近7亿;大赛相关话题多次登上微博热搜,引发大流量关注,也引出了关于城市形象国际传播方式的若干思考。

一、短视频如何助推城市形象传播?

短视频是一种基于互联网的、基于社交媒体的、基于移动终端的新媒体视频形式,其传播具有短暂、直接、生动的特点。短视频的内容、类型极为多样,社会渗透力极强,正以吸引人、吸时、吸金等特点成为用户黏性最高、人均单日使用时长最高的视听产品。其主要原因是短视频可以很好地反映人们的日常生活,能够以丰富多样的内容满足人们获取新闻资讯、消遣娱乐、自我提升等多方面的需求。随着互联网技术的发展,尤其是手机作为移动互联网客户端载体的功能普及后,短视频产业迅速增长。据《数字中国发展报告(2021年)》,截至2021年年底,中国网民规模为10.32亿;据《中国互联网络发展状况统计报告》,截至2021年6月,手机用户网民达到10.07亿;据有关大数据企业统计,截至2018年年底,短视频用户规模达到6.48亿人,使用率为78.7%。从上述数据可以看出,近年来,中国互联网普及率较高,绝大部分互联网用户都会使用手机浏览短视频,短视频与人们的日常生活已紧密结合。

（一）长话短说：短视频的信息量

短视频的出现，某种程度上是因应了时代发展带来的快节奏生活。作为一种较为直接的传播形式，短视频将拍摄者想要表现的内容和传达的信息高度浓缩于有限的时长中，使人们在最短时间内可以获取更多的信息，从而节省一大部分时间，较为符合现今人们的浏览习惯。

相较于传统的图文时代，短视频所承载的信息量是巨大的。传统的图文是二维的、平面的，而短视频是三维的、立体的；短视频把图文信息变"活"了，从抽象的文字转换为具象的视觉内容。一分钟的短视频所承载的信息量，可能是一篇几千字的图文才能够表达清楚的内容。短视频虽然受时间长度的限制，但它可以用视觉符号和听觉语言把所要传递的信息在数量上做到最大化；而传统的图文形式在这一点上是没有办法与短视频相抗衡的。

在短视频中，画面所带来的感受往往更为直观和立体，画面的鲜活感、视频内容的立体诱人、背景音乐的情绪渲染，这三方面所带来的视觉和听觉全方位感受，很容易使浏览者投入其中。比如，在三等奖作品《我爱上了北京，我属于这里》中，作者李客希、唐一泓来到坐落于老北京四合院的正阳书局，身为国际留学生，他们在这里居然找到了自己国家语言版本描绘北京的书籍，备感亲切；李客希穿上了中山装，唐一泓则换上旗袍，他们坐在阳光下品尝着盖碗茶，一边体验着"老北京"的生活，一边畅谈刚刚落下帷幕的北京冬奥会、回忆着自己和同学们作为志愿者的经历。

视频浏览者会不由自主地被代入他们各自的角色当中。两位有着金色头发和蓝色眼睛的外国留学生穿着传统的中国服饰，视觉本身就有强烈冲击感。书局工作人员在与他们交流老北京民俗、文化、美食等故事的过程中，起到了联结东方与西方的纽带作用。与此同时，不同文化之间的碰撞提供了短视频传播的一个爆点，通过有趣的内容激发浏览者的好奇心，从而传递出创作者想要表达的信息：作为国际留学生，他们热爱老北京，也爱这个与世界广泛连接起来的新北京，同时，也可以引发像他们一样的留学生对北京产生共鸣之情。

（二）硬话软说：短视频的故事性

讲故事是视频创作者通过具象素材来传达信息的手法之一。短视频呈现的内容，如果被受众所接纳并且产生共鸣，那么短视频创作者的目的就达到了,这种共鸣也就是心理学上所说的"共情"。对此,心理学家解释为:先识别他人的情感与状态,再复刻于己的这种情感和状态,即为"感同身受"。短视频创作者通过在短视频中营造场景,增强浏览者的代入感,使之很容易就能进入情景式氛围中,并伴随着一个故事或者一段音乐的进行,其情绪被渲染、带动,共鸣被唤起。

例如,在中国新闻网和北京对外友好协会联合投稿的作品《老柯爱冰雪》中,开场便是一个西方面孔的老人在胡同中行走的场景,但从他的衣着和神态可以看出他并不是一位游客,从而制造了悬念吸引观众。随着他的自述,观众们知悉了他的名字,他就是中国工合国际委员会主席柯马凯,但周围人会亲切地称他为"老柯"。这位来自英国的70岁老人,已经在中国生活了大半个世纪。视频选取他在什刹海冬泳、滑冰的场景,通过一个"老外"参与北京特色冬季运动的反差,增加了趣味性,也体现出他融入北京生活的程度之深。通过前期多个场景的铺垫,他对北京这座城市的热爱自然而然地流露出来,从而也更具感染力。

二、谁是城市国际形象的塑造者?

北京是全国政治中心、文化中心、国际交往中心和科技创新中心。从大国首都、"双奥"之城到千年古都、现代化国际化大都市,北京拥有太多的名片,但如果外界对北京的印象仅仅停留在这些抽象的名词里,则不够立体,也缺乏生动。正如大赛的介绍语中所言,100个人,有100个爱上北京的理由。众多在京外籍人士的个性化表达,是对官方塑造北京形象的有力补充和生动阐释,让外界见微知著,了解一个更为真实的北京。

(一)官话民说:官方搭台民间交流

在国际传播中,国家一度是最基本的传播主体。二战以后,西方媒体逐渐淡化了政府的"硬"身份,中国新闻网在对外传播中早已意识到这种角色转换的重要性,在做好新闻报道的同时,也致力于为沟通中外搭建桥梁,促进各界、各圈层人士利用专业媒体提供的平台进行理性、平等的交流。这一理念也延伸到本届大赛的承办活动中。

在文化传播中,如果国家意识缺位,民族文化在传播过程中就会产生认知偏差，文化传播的效力就会大打折扣。但如果国家意识完全主导了对外的文化传播，以宣传说教作为传播方式，用理论口号填满传播内容，则会让受众失去阅读观看的兴趣，文化传播难以为继。如何让国家意识作用发挥到最大？如何在城市形象的对外传播中引入民众意识，注入真实感、信任感与亲和力，是我们需要考虑的问题。

2021"爱上北京的100个理由"短视频征集大赛由官方搭建平台，邀请民众讲述自己与北京、与冬奥的故事，让广大个体站到台前，分享自己的真切感受，给予个体充分的表达自主性。投稿人可以自行选择角度，用镜头记录下自己眼中北京的魅力。这种形式淡化了官方宣传的印象，是一种"自塑"到"他塑"的转变。专家评审团队也由传播学界与业界专家组成，筛选标准包括视频的选题、创意、摄影、文案等多个专业维度，使得内容更个性化、多样化、生活化。

投稿作品多为在京外国友人对北京各地的探访，有为人熟知的胡同、国子监，还有鲜为人知的智珠寺，甚至是平常的蔬果批发市场。以路卡和瑞丽投稿的《北京行，老外探访北京新发地批发市场，遇到一群可爱的人》为例，说着一口流利普通话的意大利老外在过年期间走进北京一个寻常的批发市场，在采购水果时，和摊主讨论起了中国的"秋裤文化"和"过年文化"。而通过"洋媳妇"瑞丽与摊主及清洁工人的对话，一个个勤劳踏实、热情好客的中国普通民众形象得以展现。

艺术家、策展人秦思源的作品《听！那些正在消失的声音》向观众介绍了"声音博物馆"，讲述了自己记录北京正在消失的声音的故事。胡同里的叫卖声和响器声可以帮助人们身临其境式地体验老北京文化。不同于介绍关注北京生活的传统故事，这样的故事角度新鲜，素材罕见，使人眼前一亮，使外观众更加向往到北京游玩，首都的建设者们也会思考在国际大都市现代化城市建设过程中应当如何守住"烟火气"。

除首都活力以外，冰雪魅力也是此次投稿的一大重要分支。以司徒建国为代表的外国友人前往"冰丝带"、首钢园等2022年北京冬奥会赛场园区，用《赛前就体验进村生活：英国小哥在北京冬奥村直接玩嗨》等作品带领无法亲身去场馆现场的国外冰雪迷、奥运迷们沉浸式体验冬奥园区生活。奥林匹克的口号已从"更快、更高、更强"修改为"更快、更高、更强、更团结"（Faster, Higher, Stronger, Together），强调了人类社会在困难时期团结一致的必要性。而类似《林娜的冬奥vlog：享受为冬奥携手并肩的感觉》这些由外籍志愿者拍摄剪辑的冬奥记录片,则是"更团结"的奥运口号与北京冬奥会"一起向未来"主题口号的最好说明。

此次大赛广泛调动各方力量,动员各类传播主体,不仅是城市形象国际传播主体转换的重要尝试,也是改变思维拓宽城市外宣通道的成功探索。不少参赛者也通过个人社交媒体平台自发地向中国新闻网表示感谢提供这样的机会,能够让他们尽情表达自己对北京这座古都的激情与热爱。这种真情实感的表达更有利于提升北京的国际影响力和城市竞争力。

(二)中话西说:中国故事外嘴叙事

传播学耶鲁学派的代表人物霍夫兰等人研究的"一面提示"传播策略发现,在对某些存在对立因素的问题进行说服或宣传之际,仅向说服的对象提示自己一方的观点或于己有利的判断材料,虽然论旨明快,简洁易懂,但容易使说服对象产生心理抗拒。中国新闻网在长期的对外传播实践中也感受到,不断地通过一些正面叙事来影响外界对中国的印象,收效不堪理想。一方面,是因"西强我弱"的传播格局并未改变,不少西方媒体把控着国际舆论场的主要话语权,带着有偏见的视角进行传播,刻意扭曲中国形象;另一方面,在中国社会历史文化背景下成长起来的视频内容制作者,在产出内容时又不免会带有"中式思维",看待问题惯用"中式角度",生产出的视频内容传播效力会因为不同国家的社会文化差异等因素大打折扣。所以,在国际传播中需要借助外嘴发声,从外国人的视角出发,选取符合其体验、感受和表达习惯的角度进行产品采制。

本次大赛参赛作品《"我"在天安门广场看升旗》是一个题材新颖的作品。几位居住在华、在京的外国友人在视频中分享了他们在天安门广场观看升国旗的所见所闻。他们亲身感受到了身旁中国人民对国旗的尊敬和对祖国的热爱,也联想到了自己的祖国,能够对爱国情绪感同身受。有博主表示"尽管自己不是中国人但也深受触动"。以往在外媒的文章中,"天安门广场"大多带有"政治""意识形态"等色彩,甚至某些别有用心的外国记者还会借此影射讽刺中国。但作品并未因为西方的偏见而刻意回避,而是寻找角度,利用中外民众共通的情感来寻求最大的共鸣。

2019 年感动中国十大人物、厦门大学教授潘维廉投稿的《分享爱上北京的 100 个理由,老潘用这组数据给出答案!》,讲述了自己来中国 1 万多天里发现的热爱这个国家、热爱首都北京的1万多个理由。他从自身经历出发，分享自己1990年起多次到北京旅游的经历，从交通、互联网络等多个角度，剖析中国实行改革开放政策以来社会上发生的方方面面的变化。在这样的时代背景下，更多的外国学生愿意留在中国求学，甚至追求进一步的职业发展。潘维廉说道："历史上从来没有哪一个政府如此努力地为它们国家的每一个角落带来稳定、适度、可持续的富裕"。在他生动的故事讲述以及翔实的例子佐证下，他对中国国家政府的高度评价真实可信。

视频博主"Jason在中国"投稿的《英国博主：哇！2022北京冬奥会场馆使用百分百可再生能源！》聚焦北京冬奥的"黑科技"，展现了首都北京兑现"绿色奥运"这一承诺的努力。北京冬奥会之所以无与伦比，不仅因为它见证了多项赛事上选手破世界纪录的创举，更是因为它在不懈追求、探索对绿色奥运、人文奥运、科技奥运三大理念的贯彻。比起喊口号式的总结宣传，第一视角记录的奥运故事更加具体真切且有说服力。

科学化、大众化、国际化是"中国特色"话语体系打造必须坚持的三个基本方向。要想做到国际化就要在保有中国特色的同时，在国际传播时兼容具有全球视野的话语思维、形式、风格，努力做到"融通中外"。

三、结语

本文基于第二届"爱上北京的100个理由"短视频征集大赛的举办情况分析了短视频传播形式的特点，结合在华外籍人士的视频视角和叙事特点，依托中国新闻网作为中央级媒体全矩阵平台的渐次有序传播，为国际传播中北京市的城市形象塑造带来西方视角、国际亲和力、民间相通性、交流互动力等，并进一步对北京城市形象的塑造与对外推广提出深度思考与建议。

首先，要不断尝试在中西方传播话语体系下寻求连接性与共通性，改进对外传播策略的方式方法，通过新媒体技术手段，提升传播内容质量，注重普世价值观与人情味，在接地气的表达中，实现精准化传播、全球化传播、故事化传播。其次，在借"势"借"力"与合作中，寻求传播空间的无限拓展。要加强对境内外社交平台独特调性的把握和利用，根据各自平台特色和受众喜好，创新性地策划输出产品，实现传播的有效触达率。同时，加强与国外主流媒体、海外华文媒体的合作互动，扩大传播覆盖面、延伸传播路径，实现优秀作品与活动内容的海外有效落地。最后,要加强与国际受众的深层次互动交流,以受众为中心,尤其是在社交媒体时代,这直接关系着国际传播效能。

城市形象塑造是讲好中国故事的重要一环,有助于消弭东西方隔阂。从讲好一城的故事到讲好中国的故事,在传播探索与对外塑造中寻求突破西方报道框架制约,刺破西方舆论认知茧房的有效路径,久久为功,将为中国国际传播和国际舆论空间争夺营造更多可能。

【参考文献】

[1] 中国传媒大学 & 复旦大学. 中国短视频研究现状与发展报告 [R]. 2021.

[2] 郑婷婷. 短视频与长视频优劣之比较 [J]. 中国传媒科技,2021(6):59-61.

[3] 陈硕. 以输出为驱动的大学英语短视频教学模式研究 [J]. 校园英语,2022(10):7-9.

[4] 冯瑜嘉,李燕. 青少年"抖音"短视频上瘾现象的心理分析 [J]. 心理学进展,2022(12):26.

[5] 胡智锋,刘俊. 主体·诉求·渠道·类型:四重维度论如何提高中国传媒的国际传播力 [J]. 新闻与传播研究,2013(4):5-24,126.

[6] 孙庚. 传播学概论 [M]. 北京:中国人民大学出版社,2010.

[7] 欧永宁. 新时代"中国特色"话语体系的打造 [N/OL]. 光明网,2021-09-25. https://m.gmw.cn/baijia/2021-09/25/35189038.html.

刘美系中国新闻网总编助理;冯爽系中国新闻网海外传播中心主编;吴辛茹系中国新闻网时政社会部编辑;郝云晖系中国新闻网海外传播中心编辑

短视频国际传播对北京城市形象的建构分析

孙振虎　彭世杰

【摘要】传媒技术的发展催生了短视频这一传播形式,也同时带来了传播生态的发展变化和话语权的重组,短视频正日益成为建构城市形象、展示立体北京、提升国际影响的重要手段。本文旨在以多元视角梳理既往短视频传播对北京城市形象建构的有益实践,分析现阶段短视频传播因传播渠道闭塞、传播主体泛化、个体叙事崛起所带来的消极影响,并从宏观与微观、主流话语与个体叙事等角度提出路径优化策略,为短视频传播塑造真实可亲的北京城市形象提供参考。

【关键词】短视频；城市形象；国际传播

一、引言

2014年2月,习近平总书记对北京的核心功能进行了明确定位,即全国政治中心、文化中心、国际交往中心、科技创新中心,要求努力把北京建设成为国际一流的和谐宜居之都。近年来,一系列发展成就不断夯实北京"四个中心"的战略地位,也为建构与之适配的北京国际城市形象提出了现实要求。同时,互联网技术的进步和移动智能终端的普及带来短视频的崛起,以字节跳动旗下的短视频社交平台抖音海外版（TikTok）为例,该平台于2017年5月上线,多次登上美国、印度、德国、法国、日本、印尼和俄罗斯等地App Store或Google Play总榜的首位[①]。并且,抖音海外版的风靡还启发了脸

---

① 人民网. BBC新闻：TikTok为何风靡全球？ [N/OL]. [2022.07.28]. http://world.people.com.cn/n1/2019/0306/c1002-30959984.html.

书（Facebook）、Instagram、优兔（YouTube）3家社交平台先后打造了自身IP的短视频频道：Lasso、Reels和Shorts。这说明短视频深刻影响了国际传播生态。此外，在具有强互动性、强关联性、去中心化等特征的社交媒体时代，短视频以其内容碎片化、接受门槛低、分享便捷等特点更加贴合社交媒体传播语境，普通个体也能通过自身的短视频创作参与到国际交流以及城市形象建构之中，个性化叙事能够为塑造国家或城市形象提供多元视角。例如，中国视频博主李子柒曾以极具东方色彩的田园生活的短视频火爆全网，引发了国外公众对中国的想象与向往。短视频蕴含的传播潜力使其逐渐成为引导社会舆论、塑造城市形象的重要渠道。因此，梳理、总结既往短视频传播对北京城市形象建构的实践经验，并根据现阶段短视频传播存在的不足提出应对策略具有重要意义。

二、短视频建构北京城市形象的现状

在信息技术迅猛发展的当下，传播方式的多样化与传播主体的多元化使国际传播环境日益复杂，人们不仅获取信息的渠道、方式更加丰富，对信息的需求与看待视角也发生了显著变化。当诉诸情感与个人信念的内容相比客观、真实，更能引发网络舆论时，意味着传播话语权正逐渐从传统主流媒体转移至社交媒体，媒体生态迎来重构。因此，在社交媒体语境下，城市形象建构不仅依靠官方的宣传，更有赖于国内外社交媒体用户之间的交流与互动。为囊括多元传播主体，本文试从结果倒推，以历史、地域、现代化等多维视角，将已被短视频所建构出的北京城市形象作为起点，梳理、归纳既有的短视频传播实践，探索相关传播规律。

（一）构筑首都对外印象基底：在历史中锚定城市坐标

北京是一座拥有3000多年历史的古都，丰富的历史人文景观所带来的历史积淀感往往会给国外游客留下深刻印象。在网络空间传播中，悠久的历史是北京对外展示形象的首要名片，长城、天安门等标志性建筑不仅是北京的重要标识，在某些特定语境下，公众更会将之与中国乃至东方等概念相关联。

因此，对北京历史文化的展现是建构北京城市形象不可或缺的一环。在既有的城市形象建设案例中，纽约作为美国金融中心和最大城市，将自身塑造为"美国梦"的标志,打造拼搏进取的城市气质;巴黎借力艺术文化底蕴,将自己塑造为"浪漫之都",成为各国游客向往的旅行地。① 同理,对于北京来说,强化历史文化特色,对增强北京城市形象在国际传播中的差异性、提高城市形象辨识度能够发挥基础性作用。

随着短视频传播的兴起,内容创作者们用镜头记录个体在宏大空间中的感性体验,通过个性化视角挖掘北京传统文化深刻内涵,促进了北京古都风韵的对外传播。② 比如优兔视频博主 Claire Trips 曾发布多个在北京的旅行 Vlog,以亲身经历感受北京历史文化,带给观众沉浸式体验,使北京厚重的历史文化更加真实可感。再如,优兔视频博主 sawyerhartman 于 2016 年上传短视频《The Great Wall of China in 4K-DJI Phantom 4》,播放量和点赞数分别达到 679 万、3.5 万人次,视频内容为长城航拍画面的拼接,全程没有旁白与字幕,仅有一段恢宏的背景音乐来衬托长城景色的秀丽雄伟,这一视觉奇观引得国外用户纷纷在评论区表示惊叹,激发了他们对中国、对北京了解的兴趣,北京悠久的历史文化为他们留下了深刻的印象。

此外,主流媒体也有围绕历史文化遗产助力城市形象建构的有益尝试。比如 CGTN 于 2021 年发布视频报道《Chinese photographer takes over 400 000 pictures of Great Wall》,关注"90 后"摄影师杨东长期拍摄长城的故事,视频通过杨东的视角展示长城不被常人所见之美,并结合其拍摄经历在视频中穿插与长城相关的背景知识介绍,这一故事化叙事手法拉近了历史文化与国外受众的心理距离,有效促进了国际文化交流。

(二)凸显北京城市人文底色:微观视角呈现东西差异

"城市形象"概念最早由美国城市规划专家凯文·林奇提出,他在《城市意象》一书中指出,任何一个城市都有一种公众印象,它是许多个人印象的迭合;或者有一系列的公众印象,每个印象都是某些一定数量的市民所共同拥有的。同时,他进一步说明了城市的意象不只是通过浮光掠影地观看而形成,市民活动本身也是构成城市意象的有机部分。城市空间通过与人的互

---

① 宋文龙. 网络话语权视域下首都城市形象的构建 [J]. 新闻传播,2022(6):4-6.
② 张洪亮. 海外 Vlogger 如何助力北京城市形象对外传播 [J]. 青年记者,2021(8):56-57.

动为日常生活增添欢悦,并生产出新的空间意义。①后继研究发展、完善了这一思想,陈映认为,"城市形象"分为"实体形象"与"虚拟形象"。"实体形象"是对一个城市景观风貌的概括;"虚拟形象"则是公众对城市布局、城市环境、城市文化等大量原始数据进行加工和提炼后的印象、看法及观念的总和。②郭岩认为,城市形象的构成要素分为主观意象和客观存在。"主观意象"是指人们通过长期生活或到访经历对该城市形成的主观评价和情感认知;"客观存在"是指该地区具有代表性的自然风景和人工建筑物等。③以上观点均说明了人的活动以及人对城市的感知对于城市形象建构而言具有重要意义。

既往涉及北京的国际传播实践所呈现出的北京"数字面孔"夸大了北京作为"都"在国家层面的象征意义,背离了北京作为"城"最基本的日常现实。④"都"与"城"在概念与定位上的混淆,使得北京作为政治中心、国际交往中心的政治属性远大于文化、科技、经济交往等属性。凸显北京作为一座城市的人文底蕴,建构新型、全面的北京城市形象需要扭转这一固有观念,短视频传播则为实现这一目标提供了利好条件。在互联网时代,跨文化传播有赖于不同社会文化背景下的个体对各自生活经验的交流与互动,通过短视频发掘带有人文气息的日常生活,在城市形象跨文化传播中更易引起收视兴趣与情感共鸣。北京作为一座具有悠久历史的国际性大都市,现代化气息与京味传统糅合成一股特别的气质,使其看似平凡的日常在国际传播语境下天然带有吸引力和话题度。比如视频博主 Blondie in China 于 2022 年 2 月 8 日在优兔平台发布短视频《Welcome to my Beijing tiny House!》,详细讲述了她在北京胡同里租房的经历,并介绍了新家的布局及周边环境。胡同外表陈旧,室内装修却十分现代,同时,在胡同里还开有玩具咖啡店等新潮店铺。视频将现代气息与京味建筑相交织,描摹出一幅新奇的生活图景,向观众展示出北京不一样的面孔,引发了国外网友的热议。

---

① [美]凯文·林奇.城市意象[M].方益萍,何晓军译.北京:华夏出版社,2001:1.
② 陈映.城市形象的媒体建构——概念分析与理论框架[J].新闻界,2009(5):103-104,118.
③ 郭岩:论城市形象及其构成要素[J].美术教育研究,2013(5):163.
④ 马诗远,郑承军.新信息环境下海外社交媒体中的北京形象研究[J].现代传播(中国传媒大学学报),2021,43(7):150-157.

（三）激发形象建构内生动力：科技创新打造数字北京

在全球化背景下，科技水平是衡量一个国家国际地位的重要指标。同理，城市形象的建构也需要科技、经济等核心要素作为支撑，由里及外推动良好城市形象的形成。科技创新中心是对北京新时期发展的定位与要求，在高端人才多、技术研发经验强、产业集聚效应明显等优势加持下，北京有望建设成为全球数字经济标杆城市。同时，近年《中国国家形象全球调查报告》显示，国外普遍看好中国的发展前景，海外民众认为，中国未来应该优先塑造、发展贡献者形象。因此，大力宣传北京的科技发展成果，对外展现北京城市的创新活力，既符合时代发展的现实需求，又能够迎合国外受众的期待。科技进步有助于激发城市形象建构内生动力，提高城市吸引力，助力打造全面现代的北京城市形象。

在既往传播实践中，来自民间的自发性传播主体通常以亲身体验的形式展示北京科技创新应用场景。比如，视频博主 Jerry Kowal 于 2019 年在优兔平台上传视频《探访北京大兴机场，中国最好机场是怎样的？5G 速度竟然这么快！》，记录自己在北京大兴机场的一次登机之旅。北京大兴机场在当时率先实现了 5G 信号覆盖，博主用镜头记录下自己使用 5G 的真实体验，并通过从过安检到登机的全记录，展现北京大兴机场的现代化，获得 127 万次观看、1.9 万次点赞，以及 3 000 余条评论。官方主流媒体则更多采用宏观叙述的手法，全面讲解科技创新的应用发展。比如中国国务院信息化工作办公室于 2022 年 1 月 14 日推出的视频《8 tech innovations at Beijing 2022 Winter Olympics》，从场馆建设、转播技术、数字人民币等多个角度讲解 2022 北京冬奥会的科技含量与绿色理念，对外展示了文明开放、先进包容的北京城市形象。

（四）服务国家发展战略需求：主流传播强化理论自信

主体和客体是认识论的一对基本范畴，北京城市形象的认知主体是海内外公众，他们通过媒介传播了解北京相关信息，并形成主观印象，而认知客体则是北京城市形象，这一形象并非消极地完全由认知客体来塑造，而是有赖于官方层面的自塑行为。通过有意识、有目的地规划、制定宣传策略和报道热点，能够为北京城市形象的建构奠定整体基调、指明发展方向。正如北京市委宣传部副部长徐和建所言:"主流传播核心是价值传播,这也是百年未有之大变局中赢得主动的根本,是塑造城市形象国际传播的核心要素。"[1]这说明了北京城市形象建构需要主流传播发挥主导作用,使北京城市形象在主客双方的良性互动中完成意义的生成。

北京作为中国的首都,政治中心定位是北京城市形象中不容忽视的一面,也是跨文化传播中受到关注较多的议题。比如每年全国"两会"召开期间,各国媒体争相跟进报道,引发海内外公众的热议。北京承办的各类大型赛事与活动,如奥运会、服贸会,虽然传播侧重点各有不同,但作为具有世界级影响力的重大活动和平台,不论是文化上还是科技上的交流,都为传播中国独有的认知体系与价值观念提供了良好的机会。在复杂多变的国际形势下,强化主流价值宣传,有助于消解国外媒体对中国发展情况进行歪曲或误读所带来的负面影响。以主流传播引导正确舆论,帮助国外公众形成正确认识,坚定自身发展信心,是北京城市形象建设的时代命题。

以中国外文局"第三只眼看中国"为例,该项目自2019年起开始启动,每年由中国外文局组织事业单位、政府部门、文化传媒公司等传播主体围绕中国传统文化、发展成就等主题展开视频创作。如人民画报社2021年3月11日推出的中俄双语短视频《科技赋能美好生活》,以独特视角关注"两会"召开期间听障人士如何接收"两会"资讯,通过高科技产品改善残障人士的生活凸显中国全面建成小康社会的伟大成就,为"两会"期间的宣传报道营造了良好的舆论氛围。人民中国杂志社2021年3月5日推出的中日双语短视频《北京冬奥倒计时1周年,"冰雪运动热"持续升温》,主持人来到北京渔阳国际滑雪场体验冰雪运动,介绍北京市民的冰雪热情,塑造开放、包容的北京市民形象,为2022年北京冬奥会的召开宣传预热。系列视频采用统一的包装和制作标准,致力于打造中国对外文化传播的优秀品牌。外籍主持人的使用则进一步增强了视频的贴近性,"老外拍中国"的外在形式创新了主流传播讲好中国故事的话语形态,有助于视频内容传播得更广、更远。

---

[1] 徐和建. 国际传播建构北京城市形象的思考[J]. 对外传播,2020(2):68—70.

三、短视频建构北京城市形象的困境与不足

（一）突破国际传播旧格局面临多方阻力

如前所述，短视频传播的兴起深刻影响了国际传播生态，话语权重构阶段于北京城市形象建设而言也是一次难能可贵的窗口期，但由于旧有国际传播秩序有其自身延续性，实现中国声音深度介入国际传播格局需要经历漫长的过程。因此，现阶段以短视频传播建构北京城市形象在传播渠道上会遭遇层层阻碍，平台化传播环境将从多个角度影响短视频传播效果。首先，对于处在两个大局交织下的中国而言，复杂多变的国内外环境使得城市形象建设工作面临前所未有的挑战，全球经济下行带来的保护主义、单边主义上升，以及新冠疫情带来的深远影响，都为宣介北京城市形象的短视频传播增加了难度。其次，西方主流媒体在社交媒体平台依然占据统治地位，国内传播主体难以引发现象级的传播效果。已有研究显示，以推特为例，传统新闻媒体的推特账号主导了有关北京英文信息的生产与传播，分别形成了我国对外媒体推特账号构成的传播圈层和西方媒体传播圈层，并且西方媒体推特账号更能够起到联结不同节点、不同群体的桥梁作用。[1] 最后，带有去中心化特征的社交媒体看似赋予了受众获取信息的自由，但是算法的运用又带来了信息茧房效应，降低了受众获取多维信息的可能性。另外，社交平台的算法推荐机制会对短视频创作产生潜移默化的影响，由逐利思维驱动的商业化平台既会使传统媒体话语形态面临挑战，也会使短视频创作在整体内容呈现上出现不平衡现象，不利于展示真实、全面的北京城市形象。

（二）传播主体泛化与传播效果增长不匹配

诚然，与主流媒体短视频传播相比，公众自发的短视频创作因其天然带有个性化视角而更加符合社交媒体的传播逻辑，在内容贴近性、用户点击意愿等方面具有显著优势。但传播主体多元化所带来的短视频创作数量增加并未相应地体现在北京城市形象建构效果上，多元主体的短视频创作存在平庸化、同质化的问题。比如，部分个人传播主体受限于自身文化素质水平无法深入解读视频拍摄对象，使视频呈现内容流于表面。个体的视频摄制技术也是影响

---

[1] 欧亚. 推特平台的北京国际形象及其传播模式研究[J]. 对外传播，2021（5）：61-64.

短视频质量的重要因素,而内容与形式上的双重平庸化倾向愈发降低了个体生产出爆款内容的可能性,进而使多数短视频无法获得平台算法的推荐,难以产生良好的传播效果。此外,短视频传播存在明显的跟风现象,即爆款短视频会引发其他传播主体的效仿。当众多传播主体在视频呈现形式或内容取材上趋同时,对城市整体形象的展示而言,存在以偏概全的风险。另外,北京城市形象建设尚缺乏如李子柒、阿木爷爷等标志性的短视频传播案例,对北京文化底蕴、人文风采等内容有待更为细分下沉的挖掘。此外,上述问题对海外的自发性创作主体同样适用。国外游客对北京浮光掠影式的记录所产生的效果往往停留在引起国外受众兴趣的层面,在进一步解读北京文化等内容上难有更多建树。而以郭杰瑞为代表的"中国通"式的视频博主,则因其采用中国本土化的传播策略与话语形态,其视频创作往往在国内受众中产生更大的反响,但在北京国际城市形象的建构中所发挥的效力有限。

(三)个体叙事崛起使主流话语遭到解构

主流话语通过传递理性的观点来引导社会舆论、凝聚社会共识,在短视频国际传播中不仅发挥着主力军作用,还能够以自身实践为建构怎样的国家城市形象,以及如何建构国家城市形象等问题奠定基调。而短视频个体叙事在城市形象的建构逻辑与方式上均与传统主流话语相区隔。在建构逻辑上,传统主流话语从整体出发,对城市形象进行归纳式塑造,而带有碎片化、差异化特点的个体叙事则通过积累与黏合来实现意义的堆砌和重组。[1] 在建构方式上,传统主流话语往往采用宏大叙事的框架,使用严肃和正统的语态,传播"不证自明"的、先验的信息,而个体叙事则诉诸情感与互动,侧重展现大环境下个体的真实体验。[2] 二者之间的差异增加了城市形象建构的复杂性,当不同个体、不同观点之间发生冲突与碰撞时,在一定程度上会抵消传递正向价值的短视频对城市形象的建构作用。比如2021年4月发生在中国云南省的野象迁徙活动,中国主流媒体通过主动设置议题、转变话语形态等方式使该事件成功引发国际社会的广泛关注,并引起国内外公众对气候变化、人与自然关系等

---

[1] 谭宇菲,刘红梅.个人视角下短视频拼图式传播对城市形象的构建[J].当代传播,2019(1):96-99.
[2] 胡岑岑.个体视角下的短视频叙事与国家形象建构——以北京冬奥会中的短视频为例[J].当代电视,2022(4):19-26.

问题的思考。在此过程中,中国主流媒体对相关部门的积极作为进行正面报道,塑造出可亲、可爱、负责任的中国国家形象。然而,国内外公众对野生象群的讨论也存在偏离中国主流媒体所设置的环境生态议题范畴的情况。视频博主 Hi World 于优兔平台上传的《Crazy Yunnan elephant attack a herd of battle》获得了 907 万次播放,以及 6 900 余条评论。视频为 10 分钟左右的监控画面,记录了云南野象深夜进入牛圈攻击牛群的过程,引发公众对野象群损害当地农户利益的关注与讨论,对中国主流媒体所希望营造的人与自然和谐共处的美好愿景产生了消极影响。同时,在"西强东弱"的国际传播环境中,西方国家利用其信息资源与信息技术上的优势形成国际传播上的垄断地位,以信息壁垒压缩中国主流媒体的传播效力。在此情况下,传播负面信息的个体叙事短视频与主流话语分处于不同的传播圈层,使主流话语在应对负面舆情时往往陷入被动地位。

四、短视频建构北京城市形象的对策

短视频国际传播于城市形象建构而言,风险与机遇共存。主流传播主体需要提高对媒介环境变化的认识,调整、优化传播策略,兼顾好传播目的与方法、传播渠道与内容,以及不同传播主体之间的关系,以此在新形势下平稳推进北京城市形象的建构工作。

(一)结合平台特点制订传播策略,实现内容"出圈"

圈层化是当今互联网生态的重要特性之一,它不仅表现在单一平台的不同用户之间,还会因技术逻辑、市场定位等因素上的差别而体现在不同平台之间。比如,已有研究发现,推特(Twitter)上关于北京的政治内容居多,而 Instagram 却以文化风采见长。[①] 因此,讲述"北京故事"有必要依据不同平台的整体调性、用户画像制订传播策略,将北京城市形象的不同维度精准投放至与之相匹配的平台以及具有相似特征的细分受众之中,以便使相关话题获得足量的关注与讨论,为北京城市形象的建构取得良好的传播效果。此外,国际

---

① 马诗远,郑承军. 新信息环境下海外社交媒体中的北京形象研究[J]. 现代传播(中国传媒大学学报),2021(7):150-157.

主流社交平台的大部分话语渠道被欧美四大通讯社和相关媒体所垄断,汉语在以英文为主导的全球媒体中处于边缘地位,东西方思维差异也加大了西方受众理解的难度。① 在此情况下,抖音海外版作为成功出海的本土短视频社交平台,在建构中国城市形象、发出中国声音等方面具有战略性的价值与意义。参照以往抖音对重庆、西安等国内"网红城市"形象的塑造情况,抖音所采用的"去中心化"和二次热度加权的流量派发方式能够兼顾话题传播的广泛性与优质内容的扶持性。② 若北京相关部门加强与媒介平台的合作,注重利用本土平台资源优势,那么,通过简单地设置议题,便可以有效激发用户的创作热情,使用户自发地参与到北京城市形象的建构之中。

(二)个体叙事与主流话语双向赋能,展示多元北京

美国人类学家爱德华·T. 霍尔曾提出高低语境文化概念。高语境文化是指信息传播较高依赖环境的文化,需要交流双方预设一定的信息传达程序,如相同的风俗习惯、价值观等;低语境文化则主要依靠信息编码来传递信息,对语境的依赖程度较低。侧重整体建构的传统主流话语带有高语境文化传播的特点,在传受双方缺乏相同的社会文化背景时,传播效果将大打折扣。而短视频个体叙事则为城市形象的建构开辟了新的话语空间,是对传统主流话语建构城市形象的有益补充。近年来,各大传统主流媒体、各级政府部门纷纷入驻社交平台、开设官方账号,并与个人账号展开互动与合作,如在哔哩哔哩弹幕网,新华社官方账号与"沙盘上的战争""华农兄弟"等视频博主推出了多期合作视频。这既是主流媒体顺应时代变化,以符合社交媒体传播语境的方式重新占领舆论高地的积极作为,也是主流话语在去中心化趋势下的一场自我革新,体现了个体叙事对传统主流话语的影响。另外,官方传播主体也应加强顶层设计,以制度保障与机制创新等方式规范和引导民间传播主体的短视频创作实践,形成官方和民间良性互动、优势互补的传播格局,促进北京"四个中心"的形象定位平衡发展。

(三)把握关键传播节点,以本土化策略寻求情感共鸣

在大众传播时代,传播学者拉扎斯菲尔德等人就发现了传播过程中存在

---

① 宋文龙. 网络话语权视域下首都城市形象的构建[J]. 新闻传播,2022(6):4-6.
② 陈挚,辛念:抖音"网红城市"传播策略及传播特征研究——以重庆、西安城市形象传播与旅游推广为例[J]. 江苏商论,2021(3):54-58.

两级传播现象,媒介传播的信息会由与媒介联系更紧密的意见领袖进行过滤与加工,然后再传递给其他受众,由此对大众传播效果产生重要影响。而在社群化、圈层化,以及强调受众细分的社交媒体时代,意见领袖对传播过程的影响更为明显。比如,已有研究发现,推特平台非新闻媒体账号中,小米等企业账号以及中国外交官华春莹、赵立坚等人的个人账号在特定议题上具有较大影响力。[①] 这不仅启示我们要把握关键传播节点,发挥名人效应,更对城市形象宣传工作中所采取的本土化策略提出了更高的要求。短视频传播工作不仅要根据目标受众的社会文化背景调整叙事手法,在内容呈现上达到"入乡随俗"的效果,同时也要发掘、鼓励知华友华的外籍创作主体——他们以个人视角讲述自身在北京生活、旅行的经历与感受,更易引起视频内容与国外受众的情感联结,有助于增强视频内容的真实性与说服力,帮助建构丰富多元的北京城市形象。

五、结语

短视频国际传播为个体传播城市文化、建构城市形象提供了自由参与的渠道,新的传播样态在客观事实上会对既往主流话语形成的传播格局造成冲击,但对于传统主流媒体而言,短视频这一形式的出现也是其弥补主流话语短板、整合资源形成传播合力、建设多元北京城市形象的机遇。既往短视频传播实践以内容的丰富性、主体的多元性展示了北京城市形象的不同侧面。在两个大局交织的历史性阶段,建构起与国家发展硬实力相匹配的城市形象是时代的要求,我们应以积极的心态应对变化,了解并掌握短视频传播特性,归纳短视频传播规律,并通过开拓国际传播渠道、转变主流话语言说方式、发掘并维护重要传播节点等方式,有序推进真实、立体、和谐、包容的北京城市形象建设。

孙振虎系中国传媒大学电视学院教授;彭世杰系中国传媒大学电视学院硕士研究生

---

① 欧亚.推特平台的北京国际形象及其传播模式研究[J].对外传播,2021(5):61-64.

讲好北京故事与高校文化传承创新的交融互洽

张树辉　孙鸿菲

【摘要】 文化传承与创新是我国高校的基本职能之一，既是时代赋予高校的重要使命，也是党中央对高校的新要求和新期待。首都高校要实现文化传承与创新的职能，亟须通过传播新手段、新内容、新方式，联动高校师生、留学生、港澳台学生建立传播新模式。本文以"爱上北京的100个理由"短视频大赛获奖作品为案例，分析并总结首都高校实现文化传承创新的责任使命和发展契机的三条路径，即从历史出发探索北京故事与文化传承创新的结合点，从实际出发丰富北京故事的价值文化表达，从传播效果出发创新内容、方式和手段，以期为新时代高校发挥文化创新的职能建设提供可资借鉴的发展路径。

【关键词】 北京故事；高校职能；文化传承；文化创新

2017年2月27日，中共中央、国务院印发了《关于加强和改进新形势下高校思想政治工作的意见》（以下简称《意见》），该《意见》强调指出，高校肩负着人才培养、科学研究、社会服务、文化传承创新、国际交流合作的重要使命。其中，文化传承创新已成为我国高校的基本职能，是时代赋予高校的重要使命，同时也是党中央对高校的新要求和新期待。首都高校不仅要承担立德树人、培根铸魂的根本任务，还要努力讲好体现中国道路、中国精神、中国力量的"中国故事"和"北京故事"，这样才能更好地凸显首都高校服务于首都建设的重要作用，实现在人才培养、科学研究的同时，统筹推进社会服务、文化传承创新、国际交流合作。

近年来，随着数字技术革命的深刻变革，我国进入了社会转型发展期，也迎来了媒介融合纵深发展的新时代。在新的媒介环境下，只有准确把握我国高校特别是首都高校文化传承与创新的特点，才能实现文化自觉与文化自信，才能在文化传承与创新中把握传播的规律性，提高预见性，注重时效性，增强自觉性[①]。

一、文化传承创新成为新时代串起高校基本职能的"关键词"

人类的历史是文化传承创新的历史，高等教育则是"优秀文化传承的重要载体和思想文化创新的重要源泉"[②]。党的十八大以来，习近平总书记围绕"文化自信"作出一系列重要论述，"坚定中国特色社会主义道路自信、理论自信、制度自信，说到底是要坚定文化自信""中国有坚定的道路自信、理论自信、制度自信，其本质是建立在5 000多年文明传承基础上的文化自信"。由此可见，文化自信是最基础、最广泛、最深沉的国人自信和民族自信。新时代新征程，在实现文化自信、推动中华民族走向伟大复兴的历史使命场域下，高等教育在其中所发挥的作用越来越重要。

什么是文化的传承与创新？中国优秀的传统文化之所以能够保留到今天，在很大程度上依赖于我们5 000多年历史流传下来所形成的优秀道德观念、传统美德、人文精神等，如何将优秀的中华传统文化不断发扬光大是时代赋予我们的历史使命。在今天新媒介的时代背景下，文化传承的内容与方式也悄然发生着嬗变，"传"主要是指"传播"，"承"也就是"赓续"，只有通过用自己信、别人懂、有品位、高品质、有趣味的方式进行传播，才能收获应有的传播效果；创新，既是把握时代脉搏、创造新的价值，又是对传统的解构，应更关注对传播方法的革新。近几年，随着互联网移动终端技术的快速发展，越来越多的外国人开始拍摄自己与中国的"故事"，通过镜头记录下他们在中国求学、生活或工作时的所见所闻、美食生活、名胜古迹、身边变化等来传播中国文化，"爱上北京的100个理由"短视频大赛多部获奖作品就是这样一些代表。这些短视频短小精悍、制作用心、内容品质高、语言幽默风趣，也间接影响着国

---

① 赵君，张瑞. 新媒体环境下高校文化传承与创新[J]. 高校理论战线，2012（6）：69-72.
② 赵君，张瑞. 推进高校文化传承与创新的思考[J]. 思想政治教育研究，2012（2）：17-20.

内外民众对中国文化的整体认知。由于作者身份特殊、视角独特,叙事方式、话语体系更贴近"歪果仁"的认知习惯,使得他们在传播中不自觉地扮演了身在中国却又跳出中国讲中国的"第一人称"。这项很有创意和生命力的活动由深谙并助力讲好北京故事的高校在北京市委宣传部指导下开展,很多作品也出自首都高校,大家共同探索运用短视频的方式讲好中国故事,特别是讲好新时代背景下的北京故事,本身就是实现高校文化传承与创新职能的重要路径。

文化传承与创新是新时代高校的重要使命,也是培养青年树立文化自信、推动中华民族伟大复兴的重要着力点。文化传承与创新作为新时代明确赋予高校的一项重要职责,既与其他传统有着共同的基本属性,又更具时代意义和现实意义,它如同一个纽带,又像是一条红线,贯穿、连接着其他四项职能,对于高校的自身发展,特别是其实现立德树人的根本任务,履行在新时代为党育人、为国育才的重要使命,具有十分关键和重要的作用。首先,文化传承创新可以带动知识和技术的革新与迭代,促进教育教学内容方法的更新和人才培养手段的进步,有利于高校培养全面发展的人才,特别是培养具有较高道德素养、文化素养、媒介素养、专业素养的国际化复合型人才。其次,所有的科学研究和科技进步总是基于之前的研究基础,关注文化的传承、科学的发展、文明的演进,特别是深化对文化传播的研究,有利于与加强高校的学科建设与学术发展有机融合。高校资源优势集中,具有浓厚的学术氛围,通过深化对文化传播规律的研究,可以有效促进资源的共享和学术研究成果的落地升级,实现学以致用、研以致用。再次,促进文化的传承与创新,可以真正有效地带动高校社会服务的职能在新时代更加显现价值所在,提升社会服务的格局和影响力。首都高校和北京市在文化协同创新方面,可以实现优势互补、良性互动,共同探索文化传承与创新的新举措,从而形成合力,助推文化教育资源、公共文化服务资源走出校门,与社会接轨。最后,加强文化的国际传播、互动与交流,有利于推动中华文明与世界文明和合共生。文化是悠久历史资源的融合,是民族凝聚力和创造力的重要源泉,也是国家综合国力的重要体现。[①] 高校只有把文化传承与创新放在重要位置上,加强同国外高校和科研机构的交流与合作,

---

① 赵宝新,杨丽娜,赵丽新. 论京津冀协同发展背景下高校文化传承创新的实现路径[J]. 赤峰学院学报(自然科学版),2016(20):198-199.

才能持续推进中国优秀传统文化与世界多元文化的融合与共享。总体来说，只有把高校的文化传承与创新职能自觉融入学校日常工作的方方面面，才能助推高校更好地实现自身发展。因此，要在理念和实践层面有效提升对此的重要认识。

二、挖掘、书写、讲好北京故事是首都高校的责任使命和发展契机

2020年5月31日，中央政治局就加强我国国际传播能力建设进行第三十次集体学习，习近平总书记在主持学习时，以高瞻远瞩的宏大视野和深谋远虑的系统思维，深刻洞察国际传播发展趋势，揭示了国际传播规律，指出"讲好中国故事，传播好中国声音，展示真实、立体、全面的中国，是加强我国国际传播能力建设的重要任务"，为切实做好新时期国际传播工作提供了具有全局性、战略性、时代性的科学指引。由此可见，提升我国国际传播能力、讲好中国故事已上升到国家战略全局高度。讲好中国故事不仅需要官方主流媒体的努力，同时也需要民间力量的支持，特别是需要高校的共同努力。在新时代背景下，讲好中国故事，特别是讲好北京故事，让世界更好地感知北京，感知更好的中国，具有十分重要的现实意义，这既是为首都培育丰厚的文化土壤和创新发展的机遇，又是首都高校实现自身发展的责任使命和发展契机。

（一）挖掘：从历史出发探索北京故事与文化传承创新的结合点

作为中华人民共和国的首都，北京自古以来就是一座历史文化名城，也是中国与世界发生交集的重要地标，在这里发生过"百日维新""义和团运动""新文化运动""五四运动""一二·九"运动等一系列重要历史事件，承载着中国厚重而辉煌的革命历史，对新中国的政治和文化都产生了深远的影响。与此同时，北京城内还有众多文化遗产展现着丰富又多元的古代文化，例如，北京中轴线将传统的皇家文化、祭祀文化融为一体，故宫、太庙、天坛的皇家宫殿就是典型代表。此外，它还拥有绵延数千里的万里长城，不仅体现了我国古代劳动人民的智慧，还展现了古代建筑的历史和隐秘。京剧艺术，北京皮影戏、兔儿爷等传统民间技艺，以及景泰蓝制作、全聚德挂炉烤鸭等传统手工技艺古朴典雅，民族气味浓厚，既具有艺术欣赏性，又具有收藏价值，

抑或刺激人的味蕾,留给人美好的回味,这些非物质文化遗产也向世界亮出了北京名片。现如今的北京正以雍容、开放、包容、活力等极具魅力的姿态向世界发出邀约,越来越多的人因为某一个或多个,或根本说不清、也不必说清的原因爱上了这座城市和这里的文化、这里的人。北京故事包含着方方面面的内容,首都高校要认识到其丰富的文化价值,在日常中联动高校师生、留学生、中国港澳台地区的学生挖掘北京故事,找到传承北京文化的好故事,发挥高校文化传承与创新的职能,激发学生和教师群体行动起来,以各种方式制作成好故事,进而实现有效传播。

由北京市人民政府新闻办公室主办的"爱上北京的100个理由"主题短视频大赛,通过不同的视角呈现了一个多元、丰富、包容的北京。在获奖作品中,来自俄罗斯的宝丽,一开始就被北京传统与现代的完美结合所吸引,在进一步的接触中,宝丽对中国的茶文化以及中国象棋十分感兴趣,现在经常跟朋友以茶交友,以棋会友,沉醉其中,传播中国茶文化。来自喀麦隆的捷盖,在北京朝阳区生活已经十几年了,无论是地道的"京片子"还是老北京的生活方式,捷盖都跟一个北京人没有区别;除此之外,他对中华传统文化也非常感兴趣,尤其是快板,捷盖总会忍不住来上一段,他表示,自己想为中非文化交流作出自己的贡献。来自中国农业大学的外籍教师 Chris,对于他来说,如此喜欢北京的原因是喜欢深藏于游人较少的胡同里的味道,在烟袋斜街这样的胡同里,Chris 体验到了中西文化的交融以及传统与现代的并存,此外他还能找到属于自己的一分宁静、温暖。每一个外国友人在北京这方天地中寻找着自己与这座城市一种特殊的连接,或许是精神的、物质的、情感的连接使他们爱上了北京,也更愿意传播北京文化。

(二)书写:从实际出发丰富北京故事的价值文化表达

什么是故事?故事,是人类自身历史的一种记忆,也可以说是人类群体中所发生的事件的叙述或叙事的某种结果。[①] 讲好北京故事意味着在一定程度上树立北京形象和中国形象,中国传媒大学段鹏教授曾在《国家形象建构中的传播策略》一书中提到,国家形象的概念可以分为三个层次:国家实体形

---

① 段鹏,孙浩. 试论媒介融合背景下如何利用影像讲好中国故事[J]. 当代电影,2017(12):109–111.

象、国家虚拟形象和公众认知形象。① 他认为,国家形象既代表着一个国家的文化软实力,也从另一层面反映了国家整体实力。在今天媒介融合的背景下,从实际出发书写北京故事,意味着在具体实践的引导之下,调动首都高校师生深入观察身边生动、感人、有价值的故事,从而以更深情、更动情、更共情的方式讲好中国故事。

在此次"爱上北京的100个理由"主题短视频大赛中,来自德国的柏仁睿,自第一次听到快板之后就迷上这门中国传统文化,于是毅然选择到北京学习快板,在10年的生涯中,他收获了事业、爱情、亲情,而这一切,都糅进了快板的节奏中。来自密歇根的首都经济贸易大学的外籍教师 Joshua Todd,在北京四年,对北京的天气、现代化以及美食都十分喜欢,尤其对北京烤鸭赞不绝口。对于 Joshua 来说,北京不再仅仅是事业的起点,更是新生活的开始。冯维维是阿根廷驻华大使铁戈的妻子,作为外交使者,冯维维的工作主要与外交有关,除此之外,她十分热衷于搭建中阿两国的文化桥梁,为此她在中国很多城市都开设了探戈等交流课程,使两国人民得到了深度交流。对此,冯维维表示,中国的投资促进了阿根廷经济的快速发展,北京和布宜诺斯艾利斯虽远隔千山万水,但是两国人民心心相连。

(三)讲好:从传播效果出发创新传播方式和手段

短视频也叫作短片视频,它是一种随着移动互联网技术的发展应运而生、在新媒体平台上播放和分享的视频形式。② 近年来,随着移动终端技术的不断发展,各大媒体平台纷纷进军短视频领域,一夜之间催生了数百万个网络短视频博主。他们多在抖音、快手、微博、B 站等媒体平台上制作 30～60 秒左右的短视频,分享自己的所思所想、所看所闻,积累了大量年轻化的粉丝。由于短视频的制作成本较低,内容和形式不受限制,加之实时拍摄即可分享传播,因此也成为了继图片和文字之后又一重要的表达和交流手段,深受广大用户喜爱。事实证明,如今的传播时代,必然是短视频凸显的时代。在短视频博主这一广大的群体中,外国短视频博主的身份较为特殊,有来华学习汉语的经历,或目前居住在中国,汉语水平普遍较高,对中国文化有一定

---

① 段鹏,孙浩. 试论媒介融合背景下如何利用影像讲好中国故事 [J]. 当代电影,2017(12):109-111.
② 腾云,楼旭东. 移动短视频:融合发展的新路径 [J]. 新闻世界,2016(3):41-43.

了解。这类视频内容本身依然是传统的中华文化，或者说是中华传统文化，只是其传播形式不同于以往的"硬性输出"或者叫"宣教姿态"。他们似乎掌握了中国移动网络时代的流量密码，通过在不同的媒体平台上制作短视频来分享和传播中外文化差异。这些短视频不仅能从外国人的角度对中国文化进行解读，更能引起很多汉语学习者对中国文化的好奇心，从而产生强烈的心理共鸣。

例如，在此次获奖作品中，来自美国加州的米娜来到北京进行研究生学习，之后在北京一家酒店应聘了工作，一开始，由于普通话不合格，米娜并不符合酒店的用人要求，但是老板在听取她人意见之后留下了米娜，没想到，却促成了米娜跟老板的一段姻缘。婚后，米娜跟北京的接触越来越深入，在中美不同文化的碰撞中，米娜逐渐在北京有了家的感觉。还有一群外籍人士，通过不同的技术手段，在视频中展示自己贴春联、包饺子、炸春卷、做年夜饭等这些在中国春节期间的传统景象。对于中国人来说这是十分熟悉的，然而对于他们来说，做起这些活动来也是轻车熟路，深谙中国新年的内涵。来自多米尼克的 Mcswain，在视频中表达了他自幼非常喜欢中国的功夫电影，对电影中展现出来的中国文化、历史非常感兴趣。因为留学，Mcswain 来到了北京，在这里，他热衷于探索藏在颐和园、故宫等古建，以及很多老北京胡同建筑背后的文化与历史，感受北京发展的脉搏，内心已经把北京当成自己的第二个家。

总体来看，这些短视频内容十分丰富，多聚焦于北京现代生活的方方面面。其中既包括电影介绍、春节体验、交通变化、科技发展、生活习惯、风土人情、网络热词、旅游景点、时政热点等，也包括一些中国传统文化，如中医文化、茶文化、礼文化等。这些内容十分贴近中国人的日常生活，也向外国人展示了一个全新的、富有生机与活力的中国。在此过程中，他们也会有意识地使用一些幽默风趣的戏剧语言、出人意料的答问、戏剧化的肢体表演和夸张的表情动作，以及富有个人特色的后期剪辑方式，营造出轻松的综艺感氛围，使中国民众和外国友人在观看过程中始终轻松愉快，加深了对短视频的印象，这有助于非目的语环境下的外国友人了解中国的新变化，打破他们对中国的固有认知，建立起一个和谐、开放的大国形象。

高校在履行文化传承与创新的职能过程中，要努力创造条件、环境，搭建平台，引导高校师生深入挖掘具有典型性、代表性的能够体现中国道路、中国精神、中国力量的"中国故事",从历史出发探索北京故事与文化传承创新的结合点,从而更好地实现讲好北京故事与高校文化传承创新的交融与互洽。

三、在讲好北京故事中持续为培育首都高校的文化传承创新赋能

文化传承与创新是高校在新时代发挥助推社会进步重要作用的语境下被明确赋予的职责,事实上,赓续文明、传承文化、探索知识和更新技术,可产生并激荡思想,一直是高校与生俱来的使命。在建设中国特色社会主义现代化国家的新征程中,在向着第二个百年奋斗目标奋进的进程中,高校必须在履行好各项职能的基础上,把提升文化传承与创新的能力建设摆上更加重要的位置。对于首都高校来说,其中一个重要的路径就是,多策划、组织好"爱上北京的100个理由"主题短视频大赛一类的、有影响力的优质品牌活动,要在不断探索、创新讲好北京故事的实践中切实有效地为培育升级自身文化传承与创新能力赋能。

(一)北京故事为首都高校提升文化传承与创新能力提供了优质素材和土壤

首都高校地处中国的政治中心、文化中心、国际交往中心和科技创新中心,时处中国蓬勃奋进的时代与潮头,身边有着取之不尽、用之不竭的历史与时代交织及文化与文明碰撞的全新场境和精彩叙事,无疑为首都高校师生创作、讲好这些感人、动人、激励人的故事提供了富矿,更是让师生认知中国的变化,认同我们的制度与道路以及我们的文明和文化,从而凝结成发自内心的自信与自豪,也更加激发师生传承和创新这些优秀文化的内生动力,在潜移默化中实现思想教育的功能与作用。

(二)利用讲好北京故事提升首都高校的文化育人功能

知识不仅是文化的提炼,也是文化发展的主要动力。文化是具体事物的抽象概括。中国关于"文化"一词的最早表述始于被誉为中国"群经之首"的《易经》,有"刚柔交错,天文也;文明以止,人文也。观其天文,以察时变;观其人文,以化成天下"的说法,当时"文"和"化"是分开使用的。一直到西汉,"文"与"化"逐渐合成一个词来使用,如"圣人之治天下也,先文德而

后武力。凡武之兴,为不服也。文化不改,然后加诛。"① 可见,"文化"一词在汉语言系统中原本的意思是指以文教化,体现的是行为养成的过程。例如,庆祝劳动成果是符合人性和社会需要的,但是把它定为一个固定的节日,赋予它文化或宗教意义,应该被视为一种文化现象。这种现象源于知识积累对现实要素的抽象重组,因此,知识可以看作是促进文化发展的必要条件。同时,知识可以建立文化共识,通过重新思考这种共识,可以获得文化创新。要借鉴这种建立文化共识,把新时代的北京故事与原有的北京精神、中国元素进行充分的融通、重构,与高校的教育职能、思想引领职能进行有机结合,实现高校文化育人功能的提升。

(三)通过讲好北京故事提升首都高校国际教育水准

北京本身就是极具国际化水准的教育之都,在北京的外籍人士,有很大比例与首都高校有或多或少的关联,这其中又有很多是来自高校的留学生和外籍教师。调动留学生和教师以新的视角、新的传播方式讲述新北京的故事、北京的新故事,可增进国外友人对中国和北京的认知和情感,使其发自内心地愿意搭建各种与中国和北京的联系,特别是认同我们的发展理念,点赞我们的发展成就,共享我们的发展红利,以实际行动为推进"人类命运共同体"的理念作出贡献。国际教育的发展要基于教育对象对高等教育水平、国家文明的演进等的综合评判,朋辈的视角是潜在的教育对象认知国际教育水准的重要参考和依据。从这个角度讲,要以实际有效的做法激发在北京的国际友人通过讲好北京故事来提升首都高校的国际教育水准。

(四)借势讲好北京故事探索加强融媒传播+学科发展的模式

推进学科的互补与交融、促进交叉学科的发展,以及在人才培养过程中以融合和辅修的方式提升人才适应社会能力和创造力的探索,一直为高等教育所认同;以互联网+传统学科、人工智能+传统学科,以及新文科、新工科的探索也是持续的教育热点实践。如今,培育人才具备新媒体视野和素养,特别是以融媒体、短视频思维来解构传统学科,解构人才培养的探索,越来越被更多教育专家和实践工作者所认同并付诸实践。北京的发展是中国发展的缩影,

---

① 转引自《说苑》,大多取材于周秦经子,少量取材于汉人杂著。

是中国高等教育作用与服务的重要对象,讲好北京故事是一个很好的机缘,会给多个学科探索与融媒体及短视频这种势不可当、不能拒绝的,且会持续发挥重要作用的事物建立强联系,从而真正为学科的发展赋能。

(五)借鉴讲好北京故事讲好中国故事中精彩的大学故事

讲好北京故事与首都高校的文化传承和创新职能具有协同共建的共通情感、相容内容及同构逻辑[①]。推进二者的相互发展,一方面,对于增强首都高校的文化传承与创新职能而言,可以通过短小精悍、幽默风趣、真实动人的短视频方式实现宣传北京文化与校园文化工作的同频共振,以时代特征和国际视野的话语体系创新讲好北京故事,积极引导师生参与到我国文化软实力的建设之中,更加优化校园文化环境,积极塑造师生的审美格局和文化品质;另一方面,对于弘扬中华优秀传统文化而言,能够推动对北京故事的逻辑梳理与价值表达,实现理论创新与实践创新的良性互动。北京对外文化传播研究基地是依托北京第二外国语学院建立的北京市哲学社会科学研究基地。该基地以"立足北京、研究北京、服务北京、辐射全国、走向世界"为发展宗旨,关注新形势下北京文化对外传播中亟需解决的现实问题,整合学校资源,聚合首都高校力量,承办了深具影响的"爱上北京的100个理由"活动。同时,我们惊喜地注意到,"二外"以新的格局大力推动学校各个场境的短视频制作和传播,已经成为首都高校的典范,这些探索和实践为高校借鉴讲好北京故事、讲好精彩的大学故事提供了很好的案例。

四、结语

党的十八大以来,坚持讲好中国故事、传播好中国声音成为我国先进文化建设的主旋律,也为新形势下全国高校推进文化育人、国际交流、新闻宣传等各项工作提供了指导方向。讲好北京故事的基础和关键在于继续搭建优质的、开放的、包容的展赛平台,培育一支具有国际化、复合型的专兼结合高水平人才队伍,特别是关注中国发展的友华人士,利用好首都高校的优质资源,由他

---

① 温泉. 基于讲好北京故事的首都高校思想政治理论课建设研究 [J]. 北京教育(德育),2021(5):57-62.

们去充分互动、充分挖掘当代中国、北京的优秀历史文化内容。高校在发挥文化传承与创新职能的同时，服务于人才培养的根本功能，实现讲好北京故事的交融与互洽。

张树辉系北京高校新闻与文化传播研究会理事长；孙鸿菲系中国社会科学院大学新闻传播学院博士生

中　编

北京冬奥会与国际传播

大道至简与寻求共鸣
——北京冬奥会讲述中国故事新理念

胡智锋　谢霜天

【摘要】讲好中国故事，传播好中国声音，展示真实、立体、全面的中国，是加强我国国际传播能力建设的重要任务。体育媒介仪式是中国故事的重要载体，在多年的发展历程中，中国在体育媒介仪式的主办方面逐渐积累了丰富的经验，在2022年的北京冬奥会上以一种精彩绝伦的方式完成了一次中国故事的讲述。基于2022年北京冬奥会的成功经验，本文梳理、归纳、总结出本次冬奥会表达的新理念，即"大道至简与寻求共鸣"。"大道至简"，是将博大精深的中华文化以凝练的、直观的视听符号进行表达，"寻求共鸣"，是诉诸全人类的共同感知、共同情感与共同价值。本文从冬奥会的视觉设计和开、闭幕式代表节目入手，剖析和研究了"大道至简与寻求共鸣"理念的具体应用，对中国通过大型媒介仪式来讲好中国故事具有参考价值与借鉴意义。

【关键词】中国故事；大道至简；共同感知；共同情感；共同价值

讲好中国故事，是中国共产党关于加强和改进我国国际传播能力而提出的重要命题，对中国的国际文化形象塑造具有重要意义。习近平总书记明确指出，"讲好中国故事，传播好中国声音，展示真实、立体、全面的中国，是加强我国国际传播能力建设的重要任务"[1]。随着全球化的发展以及"人类命运共同体"建设的进行，中国逐渐走向世界舞台的中央，而中国展示给世界的形

---

[1] 习近平在中共中央政治局第三十次集体学习时强调 加强和改进国际传播工作 展示真实立体全面的中国[N].人民日报，2021-06-02.

象,除了军事形象、科技形象、经济形象之外,更重要的是文化形象。讲好中国故事的重点在于讲出中华文化蕴含的思想和精神,而在多年的发展历程中,我国的艺术创作者对运用大型媒介仪式讲述中国故事积累了丰富的经验。大型媒介仪式是中国故事的传播率、到达率与接受率最大的艺术载体之一,是一个国家展示其文化与塑造民族凝聚力的重要方式,以奥林匹克运动会为代表的体育媒介仪式可以推动国家认同的建构与确认,将国家的政治意念转化成人们的情感与生活,在潜移默化中强化国民心中的民族自觉和民族认同。而对于其他参赛国的民众来说,奥运会的开幕式、闭幕式、入场式、颁奖式,以及穿插在整个赛事中的文艺表演更是其深入了解东道主的民族与国家象征意义文化符号的窗口与契机[1]。因此,在媒介融合时代,需要牢牢把握国家承办大型体育赛事的时机,在全球瞩目的舞台中心讲好中国故事,展示中国形象,传播中国声音。2022年的北京冬奥会开、闭幕式、颁奖式等表演,不仅仅是关于体育的视听盛宴,更是中国文艺工作者对"讲好中国故事"一次成功的实践。其成功之处正在于找准了切入点,确定了"大道至简与寻求共鸣"的核心理念,将复杂的中华文化提炼成直观的视听符号,并诉诸全人类共通的感知、情感与价值,以一种简洁而准确的方式对博大精深的中华文化进行了一次广泛而深刻的国际传播。

一、"大道至简":视听符号的凝练

(一)"大道至简"的产生背景:中西文化鸿沟

中华文明是世界上最古老的文明之一,也是世界上持续时间最长的文明之一,在近5 000年的历程中,中华文明诞生了自己独特的文化体系,但由于文化交流的地域隔阂,中华文化与西方文化在历史上的交流一直非常有限,以致历史传承积淀和发展进程不同,造成了中西方文化的根本性差异,形成了横亘中西的巨大文化鸿沟。这种文化鸿沟既体现在语言和文字层面,也体现在文化内涵与价值层面。

如何向世界讲好中国故事是一直以来困扰我们的一个难题。近代以来,中华文化也曾不断地尝试着用各种方式与西方、与世界进行文化沟通,但是破

---

[1] 翟杉.仪式的传播力——电视媒介仪式研究[M].北京:中国传媒大学出版社,2014:123.

题始终很困难。在这种困难中存在着两种极端现象：第一种是我们以中国传统的方式去讲述，自说自话。由于中西文化的内涵、价值观不同，西方对中华文化的讲述完全不知所谓。第二种是我们完全以西方的方式去讲述。有些时候为了西方能理解，我们会去改变自己来迎合西方，希望借助西方的话语来讲中国故事。这种方式有的时候难免有所牵强，比如，我们的很多电影、文化艺术产品，用西方故事的壳来包装中国故事内容，包括题材类型表达方式、叙事方式等都力图靠近西方。这种讲述方式短期内是有一定效应，但长此以往，也很难讲好纯正的中国故事，或者会带来更深的文化误读，既不利于中国故事的国际表达和传播，更不利于中华文化对人类文化的积极贡献。因此，讲好中国故事的重点在于避免两种极端，以一种中国便于创作，西方便于接受的方式进行讲述。从 2008 年的北京奥运会到 2022 年的北京冬奥会，在多年的经验积累中，一种以"凝练的、直观的视听符号"进行表达的大道至简的表述理念逐渐形成。

（二）"大道至简"的艺术土壤：奥林匹克运动会

为什么大道至简的理念最适用于奥林匹克运动会？这与奥运会本身的特性有关。以奥林匹克运动会为代表的体育媒介仪式是可以让国人乃至世界都屏息驻足的国家级历史事件，通过电视以及互联网的直播，可以引起世人的广泛同期收看，甚至能改变人们的收看经验，成为大众传播的盛大节日[①]。媒介对其宣传，人们之间的彼此相告，以及全球多家电视、网络媒体的同时直播，给予了体育媒介仪式收视必要性，大量观众无意识地被卷入其中，因此体育媒介仪式的收视率是非常高的。

体育媒介仪式中最受人瞩目的奥林匹克运动会在古代是由宗教祭祀发展而来的，而现代奥林匹克运动会则完整地继承了古代奥运会的神圣性，因此具备显著的独特仪式体系，"那崇高庄严的队列和仪态，那难忘的光辉庆典，那精美的艺术，还有公众的热情和高尚情操，都应该融为一体"[②]。仪式的特性之一就是借助内化的表达方式凝聚情感与力量，将具有宗教理念和意义的符号系

---

① [美]丹尼尔·戴扬，[美]伊莱休·卡茨. 媒介事件：历史的现场直播[M]. 麻争旗，译. 北京：北京广播学院出版社，2000：2.
② [法]顾拜旦. 奥林匹克理想——顾拜旦文选[M]. 詹汝琮，译. 北京：奥林匹克出版社，1993：28-29.

统由内而外地表达出来[①]。而奥运会的圣火传递仪式、开幕式、闭幕式、颁奖仪式等正是采用了人类学意义上的"仪式浓缩"的表现手法,将神话和抽象的概念以浓缩的形式投射给外在世界,把抽象的概念以具体而生动的方式分享给世界,让世界理解与把握[②]。因此,奥运会仪式的表达方式关键在于将"抽象"的文化浓缩为"具象"的符号进行表达,简言之就是以简约代替复杂,以精炼代替烦琐,以直观代替抽象。因此,"大道至简"理念以"凝练的、直观的"视听符号表达方法在奥林匹克运动会的使用上从学术理论角度来说具有其合法性与适用性。

二、"寻求共鸣":人类共同感知、情感、价值

(一)诉诸中华文化与世界的交集

奥林匹克运动会"仪式的浓缩"以及中西方的文化差异,使得世界通过奥运会接受中华文化、倾听中国故事的难度加大,此时中华民族文化的博大精深却成为世界人民难以逾越的文化壁垒。因此,我们必须诉诸中华文化中和全人类之间产生共鸣的交集,以全世界都能接受的方式进行讲述,才能避免文化误读,提高中华文化的到达率和接受率。尽管中西方文化存在差异,但作为人类,全世界的人类在感知、情感、价值方面是相似的,例如对友情、爱情、亲情等伦理情感,对善恶的价值判断,对奥林匹克精神"更高、更快、更强"的追求,对美、青春的向往是全人类所共通的。因此,寻求中华文化中与全人类在感知、情感、价值上的共鸣之处,既能降低中国故事的接受难度,也符合习近平主席提出的"人类命运共同体"理念。

(二)2008年北京奥运会的经验借鉴

2008年北京夏季奥运会是中国承办的第一届奥林匹克运动会,此次奥运会的主办不仅是中国全力争夺金牌证明中国体育与综合实力的机会,也被视为展现中国文化形象的完美契机。为此,我国各行各业的工作者为2008年北京奥运会的圣火传递和开、闭幕式及颁奖仪式等都做了精心的准备,成为举世

---

① 翟杉. 仪式的传播力——电视媒介仪式研究[M]. 北京:中国传媒大学出版社,2014:61.
② [英]约翰·费斯克. 关键概念:传播与文化研究辞典[M]. 李彬,译,北京:新华出版社,2004: 245.

瞩目的焦点。

为了展示中华文化、讲述中国故事，北京奥运会融入了大量的中国元素，例如，开幕式中的活字印刷，这些表演大多具有巨大的视觉冲击力，整齐划一的队列展现了中华民族的集体性与团结性，彰显着中国综合国力的强盛。以中国人自己的视角进行观看，会产生一种强大的民族自豪感。但以外国人的视角看，对中华文化欠缺了解的人，仅凭解说词的辅助很难对其产生深刻的共鸣，进而难以形成文化认同，最多只到达对中华文化认识和了解的层面。这种表达方式，中华文化和中国故事的接受率是不足的，但为 2022 年北京冬奥会积累了宝贵的经验，为冬奥会仪式表演的成功奠定了基础

三、"大道至简与寻求共鸣"在北京冬奥会的表达

讲好中国故事的关键在于大道至简，用凝练的、直观的视听符号表达复杂的中华文化。在整个北京冬季奥林匹克运动会的仪式中，视听符号所表达的人类共鸣主要有三类：诉诸人类感官世界的共同感知，诉诸人类感情世界的共同情感；诉诸西方与中国的价值交汇之处的共同价值。共同感知，诉诸人类共同的感官世界，是人类通过感官直接捕获世界的能力，包括冷与热、颜色与形状；共同情感，诉诸人类共同的感情世界，是人与人、人与世界之间的关系的一种体现；共同价值，是不同文化的交集，求同存异，也是不同文明交流的基础。

（一）视觉形象

奥林匹克运动会的视觉形象主要包括会徽、海报、吉祥物、奖牌、纪念品以及具有民族和时代特色的奥运建筑景观等多种艺术形式，而会徽是核心，它肩负着向世界传递主办国的文化形象以及审美取向的功能，也兼具奥林匹克精神内涵的表达[①]，视觉形象之于奥运仪式，能起到一种类似图腾的作用，其重要性不言而喻。

1. 会徽

奥林匹克会徽是主办国文化形象的高度凝练。如图 1 所示，北京冬奥会

---

① 白铂，印文晟，金喜添. 冬奥会会徽设计的审美价值研究[J]. 哈尔滨体育学院学报，2013（5）：64-68.

的会徽"冬梦",以汉字"冬"为原型,笔画以一种潇洒飘逸的方式进行呈现,令人联想到短道速滑等多项冰上竞技项目。笔画的粗细变化和蜿蜒曲折,呈现出一种力量感和飘逸感,以线条的变换引起人的审美感知的方式是全人类所共有的,无论外国人是否认识汉字"冬","冬"的视觉呈现都能给人类以冬奥会比赛项目的速度、激情之感。再加之红黄蓝的色调变换,色彩缤纷的比画让人联想到中国古代丝绸,既契合了奥运五环颜色的变化,凸显了奥运会的元素,

图1 北京冬奥会会徽"冬梦"

又增加了"冬"字的视觉冲击力和中国元素。因此,"冬"的设计,完美地融合了中国文化、奥运元素以及运动之美。"BEIJING 2022"则融合了书法和剪纸的艺术形式,具有中华文化古朴的韵味,透露着一种中华民族的端庄大气。因此,2022年的北京冬奥会会徽的设计巧妙地诉诸了人类共同感知世界,调动起世界的感官,从美学的角度唤起世界对冬奥会的热情,产生对冰雪赛事的无尽想象。

2. 吉祥物

奥运会吉祥物是营造奥运会的氛围,传播奥林匹克文化和精神,传达主办国历史、地理与人文特色的重要载体。如图2所示,北京冬奥会吉祥物冰墩墩以熊猫的幼体形态为原型,左手掌心有一红色爱心。爱心符号最早来源于美国,是一种全世界通用的表达爱情、友情、亲情的情感意象符号。而熊猫则是中国"国宝",在中国对外建交中扮演过重要的角色。采取熊猫

图2 北京冬奥会吉祥物"冰墩墩"

加爱心的设计方式,将中西两种表达友谊的方式进行融合,诉诸了人类共同情感世界,传达出一种和谐相处、和平共处、友谊长存的情感。

"冰墩墩"的命名也极为讲究。"墩"字颇具北方传统民族特色[①],同时,"冰墩墩"能让人联想起"胖墩墩",这与熊猫憨态可掬的形象完美契合;其英文

---

① 曹雪,钱磊. 2022年北京冬奥会吉祥物"冰墩墩"设计历程[J]. 包装工程,2022(10):14-27, 40.

名为"Bing Dwen Dwen",而并没有用"bing dun dun",正是因为拼音与英文发音不完全相同,在英文中"Bing Dwen Dwen"的发音与汉语"冰墩墩"类似,这种照顾英语发音的起名方式使"冰墩墩"在全球的推广收到良好的效果。[①] 妥当的发音既简单,又可以凸显"冰墩墩"的可爱,再配合可爱的外形,使其真正地走出国门,受到全世界人民的喜爱。"冰墩墩"的命名,不仅打通了语言上的障碍,也打通了中西方在感官上的障碍,给所有人都营造出可爱、欢快的意象。

同时,"冰墩墩"的冰壳是其点睛之笔。冰壳边缘的冰丝带取自速滑馆建筑外部的22条流畅的圆以及五环的色彩,体现出速度、酷炫的元素。而透明的冰壳让人联想到宇航员的头盔以及滑雪运动员的护目镜[②]。熊猫历来长期被用作中国的形象,如果缺乏创新则很难避免审美疲劳,但是冰壳的使用给这个古老的形象注入了科技、时尚的元素,使人既能联想到探索未来的宇航员,又能联想到创造非凡的冰雪项目运动员,是传统与现代、艺术与科技、审美与意蕴的完美结合。

3. 火炬

火炬是奥运会的标志性元素,2022年北京冬奥会火炬"飞扬"的设计理念延续了2008年北京奥运会的风格,但在其中注入了许多新的元素,受到中外一致好评。

如图3所示,"飞扬"的整体造型颇具自然元素,丝滑的流线型结构给人生机勃发的感觉。红与白的颜色对比强烈,视觉冲击力强,且红色象征奥运之火,也是中国的象征颜色,而白色象征冬奥会的主题——冰雪,通过颜色与线条的设计,传递出强烈的奥运氛围。此外,两个奥运火炬进行点火传递时,其顶部结构正好可以相扣(见图4),这种设计的创新给了人无限的想象:其既可象征不同的文明交流与沟

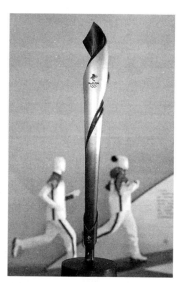

图3 北京冬奥会火炬"飞扬"

---

① 腾讯新闻. 冰墩墩的英文名,为什么叫 Dwen Dwen,而不是 Dun Dun? [N/OL]. [2022-02-13]. https://new.qq.com/omn/20220213/20220213A08OQF00.html.
② 曹雪,钱磊. 2022年北京冬奥会吉祥物"冰墩墩"设计历程[J]. 包装工程,2022(10):14-27,40.

通，也可象征人与人之间的团结友爱，表现出与世界相知相融、和平共处的美好愿景。正如"飞扬"火炬设计师李剑叶所说，"火炬的设计，应当承载更多的文化表达，类似于古代的礼器，用于国家仪式。'道法自然，天人合一'，这其实就是中国人的一种生命观，我觉得和当下'人类命运共同体'的说法是一脉相承的。携手共赢与共生，人与自然和谐相处，人与人和谐相处。我想，这也是奥林匹克运动存在的原因，通过体育运动让世界相知相融"[①]。

图 4　北京冬奥会火炬"飞扬"传火概念图

（二）开幕式与闭幕式的视听符号

奥运会开幕式与闭幕式既要体现以和平、团结、友谊为宗旨的奥林匹克精神，又要展现主办城市乃至东道国家的民族文化风情、审美风尚。在"大道至简与寻求共鸣"的理念基础上，北京冬奥会通过中华文化与中国形象的凝练与提纯，形成了一个个鲜明的视听符号，通过对共同感知、共同情感、共同价值的追溯，为世界进行了一次深刻的文化传播，为全人类奉献了一场精美绝伦的演出。

1. 雪花

冬奥会的核心是"冰雪"，冰雪是人类对冬奥会最直接的感知，因此，以"冰雪"为核心，引申出了"雪花"的自然符号，象征着冬季、冬奥会。同时，"雪花"还具有浓厚的审美属性，在中国有"银装素裹、粉妆玉砌"形容雪之美，在西方更有"烟花一逝"（Just a fireworks one dies）来称赞雪花之美。因此，

---

① 朱滢．"飞扬"火炬讲述中国故事——访冬奥火炬"飞扬"外观设计师李剑叶[N]．中国教育报，2022-02-25．

图 5　雪花国家标牌

在共同感知层面,作为全人类都熟悉的自然景观,雪花具备中西方都能感知的审美和自然属性。开幕式与闭幕式的节目表演使用了大量的雪花造型,并且在不同的表演中进行了各种变形使用,包括运动员手持的雪花形状的国家标牌(见图5)、用雪花国家标牌组成的大雪花形状火炬台,以及在和平鸽表演中,雪孩子脚下绽放的雪花虚拟影像。冬奥会尽可能用全人类都最直观、最能够感知和接受的自然景观符号来表达一种人与自然和谐相生的情境和状态。

2. 二十四节气

二十四节气是中国历法中二十四个特定节令的列表。在古代缺乏有效的天气预报的情况下,二十四节气对指导农时起到至关重要的作用,是中华民族古老智慧的结晶。

如图6所示,在开幕式的二十四节气倒计时节目中,二十四节气以一种全

图 6　二十四节气倒计时之夏至

新的形象映入观众的眼球。原本与农耕紧紧相连的二十四节气，其视觉表达却极大地超越了农耕。除农耕外，其视频内容还涵盖了故宫、长城、天坛、荷叶、星空、森林、雪山、梅花、河流等元素，列举了众多中国代表性的自然和人文景观，增加了与冬奥会和现代生活息息相关的元素。农业、传统文化的气息与体育、现代文明的气息巧妙结合，产生了强烈的化学反应，让二十四节气展现出新的活力与生命力。并且画面的拍摄极为考究，每一帧的构图、色彩都极为精美。这种直观、充满力量感的画面，直接刺激观众的感官，即便是对中国不熟悉、对故宫和长城不了解的外国人，也能为之震撼，产生强烈的审美体验。作为中国传统文化的节气，在如此盛大的场合借助现代科技手段得以呈现，受到全球瞩目，这彰显了中国人强烈的文化自觉和文化自信。[1]

此外，二十四节气中蕴含着顺应天时的农耕民族习性，随着春夏秋冬的交替，百姓做着对应时节应做的事，其中体现着一种"天人合一"的哲学思想。"天人合一"是中国古代核心的哲学思想，儒、释、道都对其有阐述，然而这样复杂的思想，只通过一个凝练的二十四节气符号，以一个一分钟的短片就被表达出来，这无疑是"大道至简"理念的成功应用。我们没有将"天人合一"的历史脉络、有关老子和孔子的主要观点详细地讲给世界，而只是将其内涵简单表达就已经足够，提升了世界对中国的文化认同度。

3. 绿色长杆

在倒计时结束的立春表演中，主办方对立春的表达并没有采取回归历史的传统方式，而是用翠绿色的发光杆和炫酷的光影效果，用时髦、时尚的方式来呈现春天（见图7）。发光杆在挥舞中形成一种刚柔并济的效果，像极了初春刚发芽的草，带来了春意勃发、生机盎然的美感，这不仅是一种万物自然生长的符号，更是象征青春与成长的符号。[2]世界对于青春、成长的情感是类似的，因此立春表演的绿色长杆，作为视听符号打通了中国与世界的共同情感，唤起了全人类对青春、成长的向往。

---

[1] 胡智锋，谢霜天. 一起向未来：彰显全人类共同价值——评2022年北京冬奥会开幕式[N]. 文艺报，2022-02-09.
[2] 胡智锋，谢霜天. 一起向未来：彰显全人类共同价值——评2022年北京冬奥会开幕式[N]. 文艺报，2022-02-09.

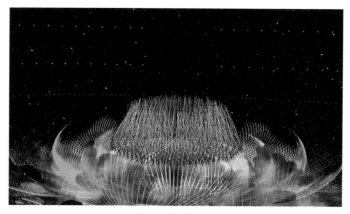

图 7　绿色长杆

4. 会歌演唱

本届冬奥会会歌演唱是由一群来自河北保定农村的孩子用希腊语完成的（见图8）。当一群农村山区的孩子用他国语言进行演唱的时候，以世界的角度看，这是一群黄种人面孔，但他们的口中却吟唱出最纯正的希腊语，这种强烈的视觉与听觉符号的对比冲击，不仅让人印象深刻，更能让世界感受到孩子们乃至中国伸出的友谊之手，打通了中国与世界关于友谊的共同情感。这一表演不仅打破了很多人对中国山村"贫穷、落后"的固有印象，更体现出中华文化开放包容、求同存异的愿景，表现了中国人民对奥运精神的尊重，以及对世界文明的敬畏。

图 8　会歌演唱

5.和平鸽

和平鸽是西方世界用于象征和平的符号,在《圣经》中就有关于和平鸽象征和平的描述。这是个极具西方意蕴的符号,然而经过冬奥会的演绎,和平鸽成为中国和世界都认可的表达和平与关爱的符号。

在和平鸽表演中,近700个由小孩子扮演的小鸽子在超过1万平方米的场地上翩翩起舞,而随着每个孩子的移动,其脚下都跟随着绽放的雪花。这项表演是由来自北京电影学院的团队利用人工智能动态捕捉和实时渲染技术完成的。由视频摄像机实时采集场上演员的位置,再将雪花的动画无延迟、准确地生成在演员的脚下,于是形成了地面上的雪花与空中的和平鸽如影随形的效果。和平鸽的形象塑造,以及在场上通过舞蹈模拟出散落的雪花效果,都具有格外的艺术美感。而流动的和平鸽脚下的虚拟雪花,一直跟随着孩子们的脚步移动,这种和平鸽与雪花的互动、真实与虚拟的互动,是科技与艺术的结合[①],一种真正的科技美,触发了人类对于美的共同感知。

如图9所示,除了美感,和平鸽的飞舞与西方重大仪式释放和平鸽的景象如出一辙,一种关于追求和平的价值观在此体现。在和平鸽表演中落单的小鸽子被其他小鸽子牵回队伍,那些少男少女的互相关心展现出人与人之间的关爱和温暖,是一种非常简洁的社会化符号,直观地表达出中华文化"厚仁、贵和"的理念。和平与关爱,这种人类的共同情感和共同价值,以和平鸽的形式进行呈现,和平鸽表演也由人类的共同感知上升到共同情感和共同价值,是本次冬奥会的代表性视听符号。

图9 和平鸽表演

---

① 胡智锋,谢霖天.一起向未来:彰显全人类共同价值——评2022年北京冬奥会开幕式[N].文艺报,2022-02-09.

6.中国结

与和平鸽对应,中国结是中华文化的特有符号。中国结早在周朝就被广泛用于装饰,是中华文化独有的、极具民族特色的文化符号,这其中包含着中华文化上古的智慧,现代人也常用中国结表达平安、吉祥的含义。中国结对于西方是陌生的,但是中国结的元素在冬奥会中被巧妙地安插在多项表演中:雪花形状的国家标牌正是由中国结组成的,在以中国结为基本单位组成的大火炬台上,连绵不断的中国结编织线将各个国家的名字连接在一起,象征着国与国之间的命运也被紧紧连在一起,中国结在这里是一种"人类命运共同体"的象征符号;在闭幕式中,巨型的红色中国结的出现更是通过其色彩、造型之美,以及延绵不断的线条之美,展示了中华文化中对"真、善、美"的追求(见图10),中国结在这里又是一种"真、善、美"的文化符号。[①] 中国结在冬奥会中的应用,同样达到了中国与世界的共同感知、共同情感与共同价值,以简练的视听符号传达了中国对和平的期许,对世界人民和谐相生的美好愿景。

图 10　巨型中国结

[①] 胡智锋,谢霜天. 一起向未来:彰显全人类共同价值——评 2022 年北京冬奥会开幕式[N]. 文艺报,2022-02-09.

四、结语

2022年北京冬奥会的经验，就是把复杂、丰富的内涵通过高度提纯，把以往过度复杂的文明、深厚的历史和文化内容凝练成全人类共同欣赏的视听符号，在形式上简洁、直观，便于接受，在内容上具备中华文化的丰富内涵，这是讲好中国故事的一个特别有效的方式和理念。

中华文化本身蕴含的丰富内涵和价值理念，理应成为全人类文化的重要构成部分，去丰富和支撑人类文化的多元化和丰富度。因此，在未来，我们一定要遵循"大道至简与寻求共鸣"理念，提升国际传播的影响力，消弭西方对我们的偏见，塑造新时期的中国文化新形象。

胡智锋系北京电影学院副校长；谢霜天系中国传媒大学传媒艺术学2020级博士生

奥运与团结：后北京冬奥的中国体育国际传播

王天瑞　胡正荣

【摘要】 2022年北京冬奥会在新冠疫情肆虐世界之际如期成功举办，全新的奥林匹克口号"更快、更高、更强——更团结""Faster, Higher, Stronger — Together"凸显了团结的意涵，这既是对全球当下局势的回应，也是对人类团结的美好期待。在信息传播技术日益深入的今天，2022北京冬奥会作为典型的媒介事件通过多种渠道和符号，如开幕式演出、奥运吉祥物冰墩墩与雪容融、每日新闻发布会、优秀选手谷爱凌等纷纷向世界发出对团结的渴望与追求的信号和呼吁。在后冬奥时期如何利用好北京冬奥会留下的丰厚"奥运遗产"去"讲好中国故事"，成为中国体育国际传播在未来几年的重要课题之一。

【关键词】 奥运会；国际传播；团结；民族主义；奥运遗产

2022年北京冬奥会的举办使北京成为历史上第一个"双奥之城"。与2008年北京夏季奥运会相比，北京冬奥会在规模和被关注度上有所不同，面临着新的国际局势和全球氛围，但同样是中国国际传播历程中的重要一环。

新的国际局势带来三大挑战：一是全球新冠肺炎疫情带来的公共危机和流动性限制；二是俄乌冲突为全球发展蒙上了未知的阴影；三是以美国为首的西方国家不断带来的全球分裂。国际奥林匹克委员会在2021年将奥林匹克口号从"更快、更高、更强"修改为"更快、更高、更强——更团结"（英文："Faster, Higher, Stronger — Together"，拉丁文："Citius, Altius, Fortius — Communis"），这既是对全球局势的回应，也为中国国际传播带来了新的机遇。

新的挑战与机遇如何与奥运国际传播嵌合在一起？北京冬奥会通过践行这一口号开展了什么样的国际传播？这一口号又为中国国际传播的未来开拓了什么新路？本文通过对北京冬奥国际传播的检视，力图寻找以上问题的答案。

一、奥运会中的竞争与团结

唯物辩证法指出，世界是一个有机的整体，也是一个变化的过程，一切事物都处于相互影响、相互作用、相互制约之中，没有绝对的永恒之物，片面或孤立看问题都是不可取的，其中任何事物之间的同与异实质上都是对立与统一的。在人类社会中，知识的生产、科技的进步、理论的创新等本质上都是在"同与异"辩证实践的过程中发生的。《黄帝内经》中讲"智者察同，愚者察异"，虽然这是中国传统养生之道，但同时也道出了古人探寻自我与世界规律的思维方式，"智者察同，就会互相包容，求同存异，获得共赢；愚者察异，就会制造矛盾，失道寡助，导致失败"①。奥林匹克运动会作为全球文明对话与汇流的重要媒介，是各个国家尤其是举办国向世界展现自我的绝佳时机，而这个过程一直都存在着如何在共通的意义空间中展现个性、在竞争中追求团结的问题。

（一）奥运会中的西方文化与中国故事

时至今日，现代奥运会已走过百年，第一届古代奥林匹克运动会和第一届现代奥运会分别在公元前776年的古希腊奥林匹亚和1896年的希腊雅典举办，现代奥林匹克运动兴起于欧洲资本主义工业化时代，德国学者K.雅斯贝尔斯曾提出"轴心时代"的概念，认为诞生于古希腊时期的奥林匹克竞技会既是现代西方体育的摇篮，也是体育竞技和文化艺术的结晶。② 它随着西方文明全球化的进程在今天已然传播成为一种全球人类共同的体育文化与精神，并被广泛认同。至今现代夏季奥运会共举办了32届，冬季奥运会共举办了24届，在56次奥运会中，在东方世界的亚洲共计举办过8次（夏季奥运会：1940年、1964年和2021年在日本东京，2008年在中国北京；冬季奥运会：

---

① 智者求同 愚者求异——中欧友谊和合作：让生活越来越好——习近平在比利时〈晚报〉的署名文章[J]. 党员之友（新疆），2021（2）：48.
② 侯广斌，周新华，王峰，刘远航. 体育的概念与发展探析[J]. 南京体育学院学报（社会科学版），2014（6）：51-55.

1972 年在日本札幌、1998 年在日本长野、2018 年在韩国平昌、2022 年在中国北京),其余 48 次均在西方世界举办。毋庸置疑,现代奥林匹克文化中的含"西"量是相当高的。从 1984 年洛杉矶奥运会开始,在尤伯罗斯(Peter V. Ueberroth)通过出售奥运会电视转播权、开放企业赞助和销售门票等商业化手段将奥运会打造成为了能赚钱的盈利体后,现代奥运会作为西方资本主义现代性催生的产物的事实更加凸显。

追根溯源,奥林匹克起源于古希腊文明,奥林匹克运动本就源于古希腊竞技会,在《悲剧的诞生》中,尼采认为希腊人为了在艺术中从现实苦难里解脱出来而将精神方式分为源自对阿波罗(Apollo)崇拜的"日神精神"和对狄俄尼索斯(Dionysus)崇拜的"酒神精神",其中"日神崇拜"是对理性的追求,而"酒神崇拜"可以理解为一种对感性宣泄的追求。[1] 中西方民族心理内核相同之处在于,儒家与日神崇拜都注重理性探索、精神追求和超越个体感性;而道家与酒神崇拜则都是以注重个体的感性存在。二者差异在于,儒家文化深刻内涵、根植于对人及特定社会关系之上的关注,要求在家国天下中的人都要遵守共同的要求,而道家思想是对"天人合一,道法自然"的人与自然间和谐理念的追求,中国的儒家与道家之间存在一定的互补性。反观西方文化中日神崇拜与酒神崇拜之间则有着较为明显的对立性,这使得在西方文化中理性与感性有着更加分明的边界,而在东方文化中理性和感性之间的边界却十分模糊。这样的差别根植于中国与西方早期文明时代不同的社会土壤,而且作为两种相对稳定的"民族心理结构"对以后的"民族文化结构"和"民族社会结构"都产生了极为深远的影响。[2] 根深蒂固的心理、文化和社会结构的差别难免导致今天中西方之间在体育文化、奥林匹克文化,以及精神的认知与理解上存在诸多认知偏差。与中国传统的"休养生息"观念不同,在西方文化中体育是一种具有"酒神精神"的感性运动,其终极目的是为了自我宣泄,这样的追求内隐着对"他者"的忽视,进而西方竞技运动形成了一种竞争性的内核。西班牙斗牛、美国橄榄球,甚至英国足球迷屡禁不止的闹事活动都共同通过爆棚的荷尔蒙印证着西方体育运动中"酒神"式的狂迷,如 HARVEYJ、RAILG 和 THIBAULTL 所言,人类的体育活动与宗教、文化及民族息息相关,体育是一种高度可塑的文

---

[1] 陈炎. 儒家、道家与日神、酒神 [J]. 山东图书馆季刊, 2007 (2): 124-128.
[2] 陈炎. 儒家、道家与日神、酒神 [J]. 山东图书馆季刊, 2007 (2): 124-128.

化象征资源。国际体育赛事所产生的张力凸显着民族国家主义,民族国家间在其中不可避免地将发生竞争①,而在现代奥林匹克中,从比赛本身到奥运会的举办权,无不体现着全球国家之间尤其是大国之间的竞争。

从百年前的"奥运三问",到今日中国先后举办了奥运会(2008年,北京)、残奥会(2008年,北京)、青奥会(2014年,南京)、冬奥会(2022年,北京)、冬残奥会(2022年,北京),成为世界第一个实现奥运会"大满贯"的国家。中华民族经历了家国民族的重构和全面实力的火箭式发展,从清末的闭关锁国到今日的世界第二大经济体,现代中国的形象也从清末的"东亚病夫"华丽转身成了今天岿然于东方的"文明之狮",甚至那些持有"零和博弈"思维的西方政客将中国视为"威胁"其利益的存在。中国的奥林匹克百年追逐史,正是中华民族伟大复兴征程的百年坎坷史,中国人在奥运赛场内外的每一次努力,都成了中华民族家国建构过程中最为醒目的符号。新中国成立以来,从参加1952年赫尔辛基奥运会开始,我国体育外交始终以坚决维护国家利益为根本宗旨,到1979年重返国际奥委会,改革开放后"奥运争光计划"开始实施,再到2008年北京奥运会成为世界公认最成功的奥运会,最后到全球新冠疫情背景下以推动"构建人类命运共同体"为战略思想的2022年北京冬奥会的成功举办,体育和奥运符号一直都是中国国际传播与外交的重要组成部分。②

(二)奥运会中的"双重想象"

在大众媒介蓬勃发展的时代,现代奥林匹克运动会与美国大选和"阿波罗登月"三件具有广泛影响的事件一同启发了戴扬和卡茨,两人在1992年电视时代提出了包含"挑战"(Contest)、"征服"(Conquest)和"加冕"(Coronation)的仪式性"媒介事件"概念。③ 但随着以技术发展为主导的政治、经济和文化的全球化程度不断加深,地域、民族和文化间的摩擦与冲突不断升级,各种全球性的问题、风险与危机层出不穷,传统媒介事件中预先设定、单向传播以供大众凝视的仪式化表演已经难觅踪迹,取而代之的是充满冲突、

---

① Harvey, J, Rail, G, & Thibault, L. Globalization and Sport: Sketching a Theoretical Model for Empirical Analysi[J]. Jsport Soc Issues, 1996, 20 (3): 258-277.
② 刘桂海,汪婷,杨智国,李雪莲. 改革开放40年中国特色体育外交:历程、经验与理论反思——基于"历史观、大局观、角色观"三重视角的考察[J]. 体育科学, 2020 (3): 15-27.
③ [美] 丹尼尔·戴扬, [美] 伊莱休·卡茨. 媒介事件:历史的现场直播[M]. 麻争旗,译. 北京:北京广播学院出版社, 2000.

协商和建构、再建构的互动化媒介实践①，2007 年，卡茨、利布斯发表文章认为，仪式性的媒介事件发生频率在降低，其概念意义正在衰减，而破坏性的事件如灾难、恐怖和战争逐渐走向世界舞台中央②。2008 年，戴扬在有关北京奥运会的研究中指出，同样作为仪式性媒介事件，北京奥运会已呈现出不同于以往媒介事件的特点。戴扬将媒介事件类型"3C"转向为"3D"，即"幻想破灭"（Disenchantment）、"脱轨"（Derailment）和"冲突"（Disruption），媒介事件概念内核从描述电视时代的仪式性事件扩展至网络时代的冲突性破坏性事件。③ 在单向传播的电视时代，奥运会作为全球性媒介事件，虽然也有各种奥运丑闻，但奥运会的举办依然成为东道主展现民族文化、综合国力和塑造国家形象的绝佳时机与重要渠道，进入双向互动的网络时代后，奥运会举办国可能面临着来自全球全网各种、各类和各个群体的质疑与偏见，负面声音与风险因素比比皆是，政治性的敌意与抵制更是众目昭彰。

全球化与本土化，实质上就是求同与求异的关系，两者共存于世界矛盾统一体之中。国家的主体地位因全球化进程日益深化而发生一定消解，但传播技术的飞速发展使人们跨越时空连接彼此的能力凸显，全球化从一个宏观概念悄然且迅速地渗透到了日常生活之中，成为了一种更为普遍的个人主观感受，技术新的尺度又促使民族国家主义在全球范围抬头，本土化意识自下而上开始觉醒。随之而来的地域、民族、宗教和国家之间的摩擦次数激增，"小事化大"的情况频频发生，冲突不断升级。而现代奥运会作为一种仪式，已然成为全球范围人们具身参与的"人类命运共同体"的竞赛与聚会，但因举办方和参赛运动员都是以民族国家身份参与其中的，④ 奥运会也成了各个民族国家高调强调团结的时刻，体育形成和强化了国家认同，并通过媒介对国家认同进行再现与建构。⑤ 因此，奥运会为世界人民同时提供了"人类命运共同体"和各民族国家共同体的"双重想象"机会。

---

① 宋祖华. 从共识性仪式到冲突性实践：新媒体环境下"媒介事件"的解构与重构[J]. 新闻与传播研究，2015（11）：27-40，126.
② Katz, E, Liebes, T. "No More Peace!": How Disaster, Terror and War Have Upstaged Media Events[J]. International Journal of Communication. 2007（1）：10.
③ Dayan, D Beyond, Media Events: Disenchantment, Derailment, Disruption[M]//Price M, Dayan D. Owning the Olympics: Narratives of the New China, Ann Arbor, MI: The University of Michigan Press, 2008.
④ 胡全柱. 奥运仪式的结构及其象征[J]. 山东体育学院学报，2008（11）：14-17.
⑤ 刘红霞. 媒介体育中国家认同的再现与建构[J]. 体育科学，2006（10）：3-14.

（三）奥运会中的民族主义与世界主义

民族主义是一种具有边界意识的理念，而世界主义是对边界的超越，公平关心所有人是世界主义的核心思想。若无法有效地解释各民族国家之间的义务与责任关系，那么世界主义立场就无法普适于日常生活。① 不可否认，信息流动的全球化促使世界向一体化发展，地球村中一个国家的新闻从传播的认知效果上讲，将不可避免地影响到其他国家，生活在地球上的人也不可避免地受到其他人类活动的影响，全球人类生活在一个"重叠的命运共同体"中。②"新世界主义视域下的媒介尺度在承认媒介运营或信息传播标准多极化、杂糅化的前提下，允许并鼓励某些共同性和共通性特征；在遵循世界普世性、标准化的原则下，重视并保护民族性、地方性的生存空间，提倡建构整体互动、均衡和谐的媒介尺度机制。"③ 从部落到地球村的事实证明，从民族主义走向世界主义的历史趋势日渐清晰，在全球这一无比复杂的系统内部，团结是相对的，民族主义强调的是民族国家内部的团结，世界主义强调的则是人类的团结；而竞争也是普遍存在的，在民族国家之间存在竞争，民族国家内部也存在着竞争。世界民族国家终究是"人类命运共同体"的存在，民族国家间的竞争终将由人类物种进行历史清算，而"人类命运共同体"，即人类团结就是对这一现实认清后的追求。

本质上，全球各民族国家之间的"同"远大于"异"，在彼此沟通不畅之时"异"更容易受到关注，进而通过媒体放大后被强调，因此，以"种思维"转向"类思维"去发现民族国家间更多的"同"，理应是走向人类团结的有效路径。

二、北京冬奥的国际传播：以媒介实现团结

（一）北京冬奥中的媒介符号

现代奥林匹克运动会是全球性的媒介事件，它既代表着西方竞技运动文

---

① 牛静. 世界主义、民族主义与全球媒介伦理的建构[J]. 新闻与传播研究，2016（2）：29-40，126.
② 单波，王金礼. 跨文化传播的文化伦理[J]. 新闻与传播研究，2005（1）：36-42，95.
③ 邵培仁，沈珺. 构建基于新世界主义的媒介尺度与传播张力[J]. 现代传播（中国传媒大学学报），2017（10）70-74.

化的内核,同时也融合着举办国自身文化的特点,每一届奥运会都是民族国家与人类世界两种"想象共同体"叠加后的独特符号。

2021年7月20日,国际奥委会第138次全会投票表决,同意在奥林匹克格言"更快、更高、更强"(Faster, Higher, Stronger)之后,加入"更团结"(Together),这是在全球新冠疫情肆虐的阴霾下奥林匹克精神对人类团结和全球治理的直接表达。如果说2021年日本东京奥运会开幕式的"侘寂"文化风格是一种向世界"求异"的表达,那么2022年北京冬奥会开幕式则更多地向世界表达出一种"求同/通"的愿望。在口号上,北京冬奥会、冬残奥会主题"一起向未来(Together for a Shared Future)"是态度、是倡议,更是行动方针,倡导追求团结、和平、进步、包容的共同目标,是"更快、更高、更强、更团结"奥林匹克精神的中国宣扬,表达了世界需要携手走向美好未来的共同愿望。① 这是中国以"类思维"沟通世界,期待人类团结的宣言。2022年北京冬奥会会徽以中国书法的艺术汉字"冬"为灵感,图形上下两部分展现的分别是滑冰和滑雪运动员的英姿,中间舞动的充满韵律的线条代表举办地起伏的山峦、赛场、冰雪滑道和节日飘舞的丝带,将厚重的东方文化底蕴与国际化的现代风格融为一体。② 北京冬奥会吉祥物"冰墩墩"以熊猫为原型进行设计,展示出了可爱、纯洁、敦厚与坚韧以及和平友好的形象,③ 它是融合了自然与科技、现代与未来、中国文化与奥林匹克体育文化的象征符号。不可否认,在北京冬奥会期间"冰墩墩"的确是国内外社交媒体中绝对的"顶流",它的成功正是源自在设计中对人类"同"的深刻理解,它让具身在场的运动员与媒介在场的全球观众共同跨越民族国家间的差异而自觉求同进行交流合作、分享喜悦成为事实。张艺谋认为,开幕式设计了若干前所未有的亮点,它们具有艺术感染力和文化共通性,给全世界传递了美的感受。共同与共通的巧思体现在开幕式的方方面面,④ 从中国农历的24个节气的倒数,由91朵"小雪花"

---

① 季芳. 邀请全世界"一起向未来"(走向冬奥)——北京二〇二二年冬奥会和冬残奥会主题口号发布[N]. 人民日报, 2021-09-17.
② 新华网. 2022年北京冬奥会会徽"冬梦"发布[N/OL]. 2017-12-15[2022-05-12]. http://www.xinhuanet.com//politics/2017-12/15/c_1122119225.htm.
③ 北京冬奥组委会官网. 北京2022年冬奥会和冬残奥会吉祥物揭晓, 2019-09-17[2022-05-12]. https://www.beijing2022.cn/a/20190917/007393.html.
④ 新华网. 全球连线丨独家报道:张艺谋团队详解冬奥会开幕式(六)打动所有人的美学秘籍[N/OL]. 2011-02-05[2022-05-12]. http://www.xinhuanet.com/2022-02/05/c_1211554711.htm.

凝聚成"一朵大雪花"的场景,到前所未有的点燃圣火的仪式,北京冬奥会开幕式无不演绎着充满中国式浪漫的未来故事,整个开幕式上的演员只有普通人,向世界展示了以人为本的理念,传递出了"世界大同,天下一家"的主题,促使人们感受并思考"美美与共,天下大同"的人类团结的意义。

作为静态的内容符号,在北京冬奥会中精心设计的媒介符号"关键词"都有着明确统一的象征意涵:"更团结";作为动态的传播体验,北京冬奥会期间的主媒体中心通过百场新闻发布为世界媒体营造了"更团结"的报道氛围。美国 VOX 新闻网的报道 Why the Olympics opening ceremony felt kinda weird 写道:"开幕式以人为本,没有著名歌手或演员表演,取而代之的全部都是普通志愿者,这样的情况是奥运会的第一次。开幕式的主题与疫情暴发以来中国向世界传递的信息一样,即通过志愿者和基层工作者的不懈努力,将所有人团结起来共渡难关。"[①]

(二)北京冬奥中的官方发布

由于疫情防控需要闭环工作,全世界媒体冬奥会期间绝大多数时间都在北京冬奥会主媒体中心办公,这里几乎成为世界媒体"临时的家"。在这里,有 557 名平均年龄不到 22 岁的志愿者每天为世界各地近万名新闻媒体记者们提供帮助,截至北京冬奥会闭幕,北京冬奥组委新闻宣传部与国际奥委会共同举办每日 15 场例行新闻发布会,共 7 210 人次出席,接待奥委会官员和运动员等访客 425 人次,虽然世界媒体身在闭环中,但以媒为路,北京奥委会组织了法新社、路透社、BBC、新华社等国内外媒体进行了 21 次直播专访,15 场线上中国城市直播观光采访活动,共有 434 家次媒体的 854 人次参与,直播内容包括中国城市建设成就、美食与传统文化、环境与动物保护等主题。[②]

此次北京冬奥会发布会事无巨细,既有严肃时效的新闻播报,包括赛事组织、疫情防控、开幕式演出、可持续发展、冬奥遗产、转播技术等权威发布官方信息,也有对趣闻回应的轻松时刻,例如,获奖运动员的"金墩墩"设计有什么样

---

① Vox. Why the Olympics opening ceremony felt kinda weird[N/OL]. 2022-02-04[2022-05-12]. https://www.vox.com/culture/2022/2/4/22917558/beijing-winter-olympics-2022-opening-ceremony-politics.
② 新华社新媒体. 北京冬奥会 | 事无巨细都周全——北京冬奥会精彩报道背后的秘密》,2022-02-24[2022-05-12]. https://baijiahao.baidu.com/s?id=1725631920807538140&wfr=spider&for=pc.

的特别寓意？任子威的奖牌为什么不是立刻颁发？哪位运动员一生赶上两届奥运会？小主题、小切口的冬奥会趣事与严肃的新闻形成内容上的互相补充，让北京冬奥会的故事更接地气。发布会就媒体关注的各种问题开放互动，对如开幕式组织、疫情防控数据和措施、参赛人数、特许商品热销、冬奥会收视率创新高等各种问题进行解读与回应。另外，北京奥委会专门编制了近1万字中英文的《北京冬奥会火炬接力媒体手册》向境内外媒体推送，只为更好地向世界说明此次奥运火炬传递的过程。恰逢中国春节和元宵节，北京奥委会还精心准备了如画脸谱、剪窗花、写福字、折老虎，以及"元宵节"主题灯谜等中国特色的民俗活动，中国志愿者与世界媒体一起参与其中，通过各个环节、过程和细节让具身参与报道的外国媒体记者时刻感受到中国对团结的渴望之情。

（三）北京冬奥中的传统媒体

在北京冬奥会传统媒体的全球传播中有一个明显特点，就是借风扬帆，即通过转播西方媒体的声音来进行冬奥会的国际传播。例如，《光明日报》的文章《一位美国国际传播专家这样分析北京冬奥会》、《参考消息》的文章《外媒：北京冬奥会上的美国DJ们》、《中国日报》为冬奥会专门设立的《世界看奥运》栏目，都通过实时汇集世界其他国家的主流媒体和国际友人对北京冬奥会的正面声音，在进行统合之后转发传播，例如，《美国专家：北京冬奥会让世界了解真正的中国》《英国媒体：冬奥赛场氛围友好 跌倒运动员受到鼓励》《国际奥委会官员盛赞北京冬奥：筹办超出预期，运动员纷纷点赞》和《外媒感叹北京"奥运蓝"称中国空气质量取得了"翻天覆地"的变化》等这样的报道在冬奥会期间每天不间断地进行世界声音的聚合与转播。介绍奥运开幕式的报道《外媒：北京冬奥会开幕式彰显中国大国冬奥担当》转发了加拿大《环球邮报》、美国全国广播公司芝加哥频道（NBCChicago）、今日俄罗斯（RT）、路透社、美国有线电视新闻网（CNN）和澳大利亚广播公司（ABC）对北京奥运会的赞美之词。[①]

今天，全球已经进入了互联网时代，在全新传播技术加持传统电视转播后，对于奥运会这样的重大媒介事件而言，拥有随时随地、超高清、沉浸感、可

---

① 中国日报网.《世界看冬奥》外媒：北京冬奥会开幕式彰显中国大国担当[N/OL]. 2022-02-06 [2022-05-12]. https://cn.chinadaily.com.cn/a/2022/02/06/WS61ff227fa3107be497a053d5.html.

控性及互动性的技术特点电视直播能够为世界观众带去绝佳的观看体验。北京冬奥会实现了在奥运史上首次用 8K 视频技术直播开幕式和转播重要赛事的目标。① 通过阿里云向全球转播,以全程 4K 的超高清模式带来 6 000 小时的精彩内容。② 除了电视台和央视频,中国移动咪咕视频、腾讯、快手均以此次北京冬奥会网络电视直播和转播平台的身份向全世界民众进行网络电视直播和转播。据国际奥委会蒂莫·卢姆(Timo Lumme)称:"在日本,每 10 个人当中有 8 个人观看了冬奥会的比赛;澳大利亚并不是冰雪运动强国,但有 1 000 万人观看了冬奥会的比赛;在北美地区,NBC(美国全国广播公司)对冬奥会的报道占据了黄金时段,加拿大有一半人口通过 CBC(加拿大广播公司)观看了冬奥会的比赛。"北京冬奥会开幕式全球大约有 5 亿观众收看,收视率超越往届。③ 值得注意的是,北京冬奥会在美国的转播中,相比传统媒体 NBC,抖音海外版(TikTok)才是大赢家。Sensor Tower 数据显示,从 2 月 4 日至 12 日北京冬奥会开始仅一周,抖音海外版在美国的安装量就超过了 170 万次,而 Instagram 为 110 万次,优兔(YouTube)为 100 万次。《华盛顿邮报》更是连续发出多篇报道,对比美国传统媒体 NBC 和抖音海外版在北京冬奥会期间的表现,其中 *NBC's Olympics ratings are terrible; That doesn't mean the Games are dying*④ 和 *Official Olympic coverage tells us who wins. TikTok tells us everything else*⑤ 两篇文章均表示,拥有冬奥会美国转播权的 NBC 收视率下降,而越来越多的用户选择抖音海外版等新兴网络平台。

(四) 北京冬奥中的社交媒体

经过多年的主动出海,《人民日报》、新华社(China Xinhua News)、中国国

---

① 中国奥委会官方网站. 北京冬奥组委:北京冬奥会首次实现 8K 视频技术转播 [N/OL]. 2022-02-16[2022-05-12]. http://www.olympic.cn/zt/Beijing2022/dadt/2022/0216/400704.html.

② 新京报. 国际奥委会:北京冬奥会将通过阿里云全球传播 [N/OL]. 2022-01-27[2022-05-12]. https://www.bjnews.com.cn/detail/164325508414539.html.

③ 中国奥委会官网. 北京冬奥会各项转播数据创新高 [N/OL]. 2022-02-27[2022-05-12]. http://www.olympic.cn/zt/Beijing2022/dadt/2022/0217/400760.html.

④ The Washington post: NBC's Olympics ratings are terrible; That doesn't mean the Games are dying[N/OL]. 2022-02-09[2022-05-12]. https://www.washingtonpost.com/media/2022/02/09/nbc-olympics-ratings/.

⑤ The Washington post: Official Olympic coverage tells us who wins. TikTok tells us everything else[N/OL]. 2022-02-16[2022-05-12]. https://www.washingtonpost.com/technology/2022/02/16/tiktok-winter-olympics/.

际电视台（CGTN）频道、《中国日报》（*China Daily*）和《环球时报》等中国旗舰新闻媒体，以及@Beijing2022北京冬奥会社交媒体账号在推特（Twitter）、优兔、脸书（Facebook）以及抖音海外版等主要海外社交媒体总计已拥有千万粉丝量，逐渐形成了由产品链、供应链和价值链共同组成的全网传播的平台链特征。[1] 在冬奥会的传播过程中，中国媒体在已有的影响力基础上进行全网全平台分发，以新旧媒体融合的全媒体传播矩阵之势同频共振地制造全球影响力，顺应全球各地民众的媒介习惯，以积极的姿态融入日常的媒介生活，在为全球粉丝提供北京2022冬奥会资讯和报道的过程中，力求讲述当代中国真实故事，传递奥林匹克"更团结"精神，主动引导世界认识和理解中国构建"人类命运共同体"的世界关怀。在世界现象级的社交平台中，奥运吉祥物冰墩墩、零重力床等日常生活的"微叙事"以及奥运参与者的个人故事，都成了世界民众在冬奥会期间展示、模仿、互动的有效传播内容。在跨越时空的虚拟世界中，全球网民通过节点传递共同呈现了一场属于"我"和"我们"的人类"网络奥运盛宴"。

在全媒体平台报道的内容设置中，以更具亲和力和共鸣力的日常生活的素材替代严肃的新闻报道框架是北京冬奥会全平台国际传播内容设置的一大亮点，大量运动员、代表团成员以及媒体人，通过个人社交媒体发布具身临场北京冬奥会的独具个性化视角的传播内容。其中，比较具有代表性的奥运流量明星如谷爱凌，她在比赛前吃韭菜盒子和赛前热身的场景；日本花样滑冰选手羽生结弦，他只为"4A"挑战自我而遗憾错失冠军；日本电视台记者辻冈义堂，因为疯狂追星冰墩墩在中日两国社交媒体上爆火，电视台甚至将他的出镜画面人名字幕都改成了"义墩墩"；以及北京冬奥会绝对的顶流冰墩墩在全世界范围内引发的一"墩"难求的现象等。还有来自不同国家的运动员之间在竞争之中展现出来的友谊与团结的瞬间，例如，中国冰壶组合赛后送美国队员冰墩墩这样传递友谊的瞬间画面；美国运动员泰莎·莫德在北京冬奥会开幕式上拍摄中国志愿者清华大学学生冲她热情地挥舞手臂的视频上传到社交媒体而引发的一段隔空邂逅；中国队选手谷爱凌极限跳挑战获得金牌后上前拥抱并安慰因失误而哭泣的法国运动员泰丝·勒德等，这些感人的瞬间

---

[1] 胡正荣，王天瑞. 平台链：打通内容生态的产品链、供应链与价值链[J]. 中国广播电视学刊，2022（1）：32-35.

都以个人故事方式恰到好处地融入了北京冬奥会全媒体平台的报道之中。这样个人化、日常化、情感化、审美化的叙事框架更加普适于网络时代的全球价值观,通过北京冬奥会的国际传播也向世界展示了更加真实、立体、全面的当代中国,凸显了"人类命运共同体"理念下"我"与"我们"对"更快、更高、更强——更团结"的奥林匹克精神的追求与实践。

以上通过对 2022 年北京冬奥会的各种形象设计、新闻发布、传统媒体和海外社交媒体传播情况等各方面的检视,在符号方面,北京冬奥会的形象设计在形式与寓意两方面都获得了成功,共同传递出了既可信、又可爱、更可敬的直观感受与深厚内涵,为北京冬奥会的国际传播提供了绝佳的符号载体;在过程方面,北京冬奥会期间的中国媒体整合了国内外传播资源,抓住新时代国际传播的关键节点,用事无巨细、虑周藻密的实际行动遵循奥林匹克的"更快、更高、更强——更团结"精神,践行了"一起向未来"的北京冬奥会主题,构建了更加精准的传播话语和"人类命运共同体"理念。尽管新冠疫情将人们具身隔离,但媒介技术给人类提供了媒介在场的机会,北京冬奥会上全新的媒介技术给全世界观众提供了更加真实的连接感和临场感,在传播层面上实现了冬奥会中人类的团结,在疫情依然严峻的当下,向世界传递了"一起向未来"的希望。

三、"一起向未来":后冬奥时期的中国体育国际传播

(一)以体育为媒介,平衡民族国家"小"团结与人类"大"团结

世界中的矛盾、冲突与战争似乎从未有过终结的迹象,至少到今天为止,和平只是战争的暂时调停,两者交替出现组成了人类的过往。但战争与冲突并非仅仅存在于民族国家之间,往里看国家内部,往外看人类与自然世界,无不存在着贫富差距、公平公正、病毒肆虐、环境污染、自然灾害、能源匮乏等各种问题和危机引发的矛盾与冲突。因此,我们必须认识到,和平与战争是相对存在的,只有团结才是避免战争、实现和平的有效途径。既然冲突与战争广泛存在于民族国家内部、各民族国家之间、人类与世界之间,那么团结也必然存在相对性,即民族国家内部的"小"团结和全人类的"大"团结。各民族国家对团结的追求是全人类团结的基础,全人类的团结是各民族国家内部团结之后的追求。现实中,平衡好民族与世界间的异与同,一同追求"小""大"

团结的融合与并行是追求世界和平的关键理念。顾拜旦在 1896 年开启现代奥林匹克之时希望奥运会是维护世界和平的有利因素,而奥林匹克运动也始终践行着和平理想。人类体育的整体发展历程,就是体育运动史和体育传播史的结合。① 体育媒介化是指媒介通过议程设置,将体育形象和信息再现给读者、听众和观众的过程,② 即体育现实的媒介再现与建构。由于时空限制,世界上绝大多数人对现代奥运会的认知与评价几乎都来自传统媒体或网络媒体的"再现体育",即现代奥运被当作同日常生活毫无关系的媒介事件。体育作为一种行动、符号或仪式,不断吸引人们参与注视,以此建构出各种社会性空间,其中,以体育为媒介的交往活动与情绪表达在通过大众和网络媒介传播后,成为媒介事件被公众广泛关注。

体育是具有普世性、包容性和扩展性的人类活动,长久以来,人们通过体育活动展现集体情感。③ 在"人类命运共同体"理念引领下的国际传播中,它既是优质的传播内容,也是绝佳的理念载体。作为兼具自然属性和社会属性的人类活动,体育蕴含着全球人类共同与共通的本能反应和文化意涵,为我们在物种层面和民族国家层面的双重认同与团结提供了强而有力的资源。

长期以来,一直有"体育是战争的替代,是一场没有硝烟的战争"④ 的观念存在,过于强调体育竞争性的实质是民族主义的体现,即重视民族国家"小"团结而忽视了世界主义的人类"大"团结。因此,在构建"人类命运共同体"理念下,东方的"和"思维应当融入体育的媒介再现之中,弱化竞争,强调团结,用团结的象征代替体育的战争隐喻。这样,通过媒介再现与建构体育团结核心意涵,才能平衡好民族国家"小"团结与人类"大"团结。

(二)以媒介为体育,用媒介在场弥补身体缺席

以媒介为体育,体现为通过媒介进行体育运动和通过媒介传播体育内容的双重隐喻。从体育的形式上来看,移动互联网、5G、VR/AR 等新信息传播技术都在"他律"着人类观看奥运比赛的方式,涌现出多种全新"体验"体

---

① 刘红霞. 媒介体育中国家认同的再现与建构[J]. 体育科学,2006(10):3-14.
② [美]杰·科克利. 体育社会学——议题与争议(第6版)[M]. 管兵等,译. 北京:清华大学出版社,2003.
③ Tomlinson J. *Cultural imperialism*: *A critical introduction*[M]. London:Pinter,1991.
④ WHANNEL G. The Television Spectacular[M]//Tom Linsona Whannel,eds.[M]. Five Ring Circus:Money,Power and Politics at the Olympic Games. London:Pluto Press,1984:30-43.

育的形态，体育活动的组织方式也产生了结构性的新发展。2016 年开始，全球众多大型体育赛事如美国 NBA 和超级碗、欧洲杯、中国的 CBA、中超联赛和乒超联赛等都开始利用"互联网+VR"技术进行直播，奥林匹克运动也从 2016 年里约奥运会开始首次引入 VR 技术，在 2018 年平昌冬奥会开启了 5G+VR 高清直播奥运时代，而新冠疫情之下的 2021 年东京奥运会和 2022 年北京冬奥会因缺失现场观众的客观现实迫使奥运赛场更加依赖于 VR "灵境技术"，均通过采用 360° VR 全景高清直播方式给予媒介在场的观众以更加真实的临场体验。除了视觉观感方式的技术革新外，体育赛事因智能感官技术和体感交互技术的发展，在网络传播技术加持下，媒介在场迸发出全新体验形式，动摇了体育运动必须具身在场的历史现实，全新的体育形态和全新的体育参与方式得以诞生。比如，在线电子竞技、VR 虚拟体感竞技等，体育这一概念的内涵与外延也随之同媒介和传播产生勾连。在后奥运体育国际传播中，无论是因为疫情、战争，还是单纯的时空阻隔的原因，身体缺席都将不再构成人类"在一起"进行体育参与、观看与体验的阻碍，以媒介为体育的媒介在场，能够通过更加临场化的和全新的方式将世界人类更广泛地联结起来，一起向未来。

（三）开掘"冬奥遗产"，开启后冬奥的中国体育国际传播

北京冬奥会已经完美落幕，就像 2008 年北京奥运会一样，为中国留下了大量的"奥运遗产"，也为后冬奥时期的中国体育国际传播提供了优质、丰厚的文化符号资源。在构建"人类命运共同体"理念下，如何开掘和利用这些资源以延续和践行"一起向未来"奥运主题宣言，将是一项重要的研究课题，针对此课题本文给出以下建议。

第一，发掘体育商业主体的国际传播价值与能力，以"体育物"为载体传递人类团结理念。在消费社会中，体育运动产品借由广告、品牌 Logo 和产品本身在现实与媒介中传播，其传播场景多、频率高，传播的内容以产品为载体，远离政治，已经成为全球民众日常生活习以为常的部分。运动品牌作为商业主体具有很强的跨国传播能力，体育企业通过商业活动借船出海，可以同其他国家的体育文化产生黏合性，例如，中国的体育企业安踏（ANTA）集团（中国）通过商业行为收购了意大利品牌斐乐（FILA）、英国的斯潘迪（Sprandi）、日本的迪桑特（Descente）和韩国的可隆（Kolon Sport）等国外知名运动品牌，

借由品牌战略有效进入不同国家民众的日常生活，以"体育物"为媒介载体，以更加自然、广泛和深入的方式向世界传递求同理念，用消费的方式平衡民族国家与世界之间的异同关系。

第二，转换冬奥明星运动员身份，通过分享日常，淡化体育中的竞争，发挥明星效应，引领国际社交空间舆论。例如，谷爱凌、羽生结弦等冬奥明星具有世界范围的影响力，在社交媒体中通过"前后台"的转换后，他/她们可以从奥运明星转身成为"优质网红"，可以非常自然地将社交媒体中的粉丝注意力从奥运赛场中的竞技体育引向日常生活中的健康、健身、环保，以及教育、时尚等各种具有普适性的话题。通过借力日常生活中的冬奥明星作为国际传播的个人传播主体，可淡化竞争，在社交媒体中引发关注，激发模仿，引导舆论。比如，谷爱凌冬奥之后在清晨跑步锻炼的短视频，就在社交媒体中获得大量的关注与好评。

第三，利用好"奥运遗产"中的软件与硬件符号。软件符号指北京冬奥中的各种符号，包括主题口号、标识、吉祥物等。其中，奥运期间真正的世界顶流"冰墩墩"，在国际社会中具有极高的人气，作为一种卡通形象，可以通过后续开发"冰墩墩"IP进行产品链化和内容链化，将其国际影响力继续延续下去。硬件符号主要指北京冬奥会的"空间遗产"，如国家速滑馆"冰丝带"，首钢滑雪大跳台"雪飞天"等，以及全国各地的冬奥文化广场、冬奥社区、冰雪博物馆等，在后冬奥中，可以通过举办各种重大的国际文化活动以承载各种国际传播的任务。北京作为全球第一个"双奥之城"，其历史意义重大，无论是2008年奥运会的鸟巢还是2022年冬奥会的冰立方，不仅成为奥运会的标志性建筑，更成为一种人类集体记忆的载体，奥运场馆就像丰碑一样，是偏向时间的媒介，有着持久且稳定的传播功能。

王天瑞系中国传媒大学传播研究院博士研究生；胡正荣系中国社会科学院新闻与传播研究所所长、中国社会科学院大学新闻传播学院院长、教授、博士生导师

符号学视域下国际传播的话语建构与价值表达
——以北京冬奥会开幕式为例

丁一

【摘要】作为奥林匹克运动会的媒介仪式之一,开幕式是主办国借助全球媒介载体,展示其国家综合实力、塑造国家形象、提升国际传播影响力的重要平台。本文以符号学理论为基础,从文本表征、意义解码、价值思考三个维度入手,围绕"符号—意义—话语"的递进关系为探讨北京冬奥会开幕式话语建构推动国际传播的逻辑主线,通过解析开幕式所呈现的符号意象,剖析其所蕴涵的意义表达和话语构成,以期为跨文化背景下国际大型赛事媒介仪式国际传播的话语建构与价值表达提供经验借鉴与重要参考。

【关键词】符号学;北京冬奥会;开幕式;国际传播;话语建构

奥林匹克运动会不仅是全球性的体育文化盛会,也是重要的媒介事件。作为奥林匹克运动会的媒介仪式之一,开幕式是主办国借助全球媒介载体,展示其国家综合实力、塑造国家形象、提升国际传播影响力的重要平台。2022年北京冬奥会开幕式以符号化、故事化、仪式化的整合传播策略创造性地实现了中华文化展示与奥林匹克精神的交流互动,通过建构融通中外的话语体系助力推进中国故事的国际传播,向世界立体化地展现了一个"可信、可爱、可敬"的国家形象。

作为研究人文社会科学的重要工具,符号学是一门关于意义的表达、传播和理解的学科。从传播学的角度来看,符号是信息传播活动中的关键载体,承载着意义表达、信息输出、文化传播和情感传递的重要价值,对于提升传播效果具有积极的意义。奥运会开幕式作为一个符号的集合体,它所包含的各类符号意义阐释不仅是对特定表达话语体系的建构,更是其主题价值的重要反映。因此,本文以符号学理论为基础,从文本表征、意义解码、价值思考三个维度入手,围绕"符号—意义—话语"的递进关系为探讨北京冬奥会开幕式话语建构推动国际传播的逻辑主线,通过解析开幕式所呈现的符号意象,剖析其所蕴涵的意义表达和话语建构,以期为国际化媒介仪式的有效传播提供经验借鉴与重要参考。

一、文本表征:北京冬奥会开幕式的符号呈现

19世纪以来,符号学以语言学为基础实现进一步发展。它主要指来自不同地域和文化背景的人运用语言学理论和符号学理论作为分析不同民族文化现象的重要依据。世界各国学者对符号学的主要研究领域涵盖符号本身、由组成符号的元素所构成的符号系统,以及符号应用所依托的文化传播环境。换言之,符号学研究的主要对象是文本的思想内涵和意义价值。纵观符号学的丰富发展历程,其先后经历了三个关键阶段,即"语言学模式—修辞学模式—人文社科模式"。在此进程中,涌现出一批符号学研究领域的专家学者,为推进符号学理论和实践研究奠定了坚实的基础。符号学的现代创始人是"现代语言学之父"索绪尔和皮尔斯。依托结构主义理论,索绪尔率先将共识性引入语言学的研究内容之中,与此同时,将语言学带入符号学,提出"语言是一个符号系统"的观点,以及"能指"和"所指"这两个主要概念,即"符号=能指+所指"。他认为,语言符号由"能指"所代表的声音和"所指"所代表的概念组成,二者相辅相成、不可分割,由此奠定了"二元一体论"的符号学基础。法国思想家罗兰·巴特在其结构主义理论基础上创新发展,丰富了关于符号的解释。他认为,符号普遍具有直接意义与间接意义,由两个层次的表意系统组成。他指出:"一个符号系统本身也可变成另一个更为广泛的、系统的一部分",即符号系统由"内涵"与"外延"构成——符号系统的"直接意指"和"含蓄意指"。其中,符号产生"内涵"的三种方式分别为隐含义、迷思与象征。隐含义的意义建构由解释者文化价值观表达的主观层面所决定;迷思最早表示的是一种神话故事,代表依托自然和历史进行文化的阐释;象征则代表受到文化传统和习俗影响后的意义价值。此外,巴特还提出"现代神话"理论,他将神话定义为语言,进而用符号意指化的两个序列说明了现代

神话的产生过程：在第一个序列中，符号的能指与所指产生明示义；作为第二个序列的能指，神话就产生于符号的第二个序列意义中。① 皮尔斯在此前研究成果基础上增加了新的一元，他认为，符号有三个层次的表意系统，主要由媒介关联物、对象关联物和解释关联物三种要素构成。它们分别代表事物的符号（形式项）、被符号所指涉的对象（指称项），以及对符号的解释（解释项）。② 这三项互为关联，共同诠释了符号的本质特征和实际意义。

自20世纪四五十年代以来，当代的符号学理论广泛应用于人文学科的诸多领域，尤其是跨文化传播学之中。学者普遍认为，符号学的原理和理论广泛适用于阐释跨文化现象。因为符号是认知世界和解读文化的重要载体，文化的意义由各类符号的内涵组成，并通过媒介进行传播，影响人们对世界的认知。作为跨文化背景下的媒介仪式，北京冬奥会开幕式通过媒介形态的不同表达方式实现了多元文化符号的文本表意和内容呈现。根据符号的类别，本文将开幕式的符号具体分为体育符号、视听符号和人文符号，以上元素构成了北京冬奥会开幕式外在的符号学表现。在传播过程中，媒介通过对符号进行编码，以文字、图像、声音、语言等多种载体形式实现媒介再现，对传播文本进行进一步加工，运用不同符号的组合传递信息，表达意义。

（一）体育符号传递奥运精神

体育是以身体运动为基本手段促进身心发展的文化活动。③ 因此，体育不仅包含身体运动的属性，更具有一定的文化内涵。体育符号在奥运会开幕式上的呈现，具有鲜明的独特性和价值意蕴。作为固定化、程式化、流程化的表达方式，北京冬奥会开幕式上体育符号的综合运用，实现了对奥林匹克精神的有效解读和广泛传播，实现了对激扬青春和时代奋斗的完美诠释，成为北京冬奥会开幕式国家传播的话语建构与价值表达的闪光点。作为体育符号的典型代表，奥运五环的展示体现了对奥林匹克运动的敬意表达。晶莹剔透的"冰雪五环"在激光雕刻的冰立方中渐渐升空，充满科技化的现代感，蕴含打破隔阂、互相理解的重要内涵；双线立式五环焰火在鸟巢上空绽放闪耀，彰显"双

---

① 冯月季. 符号传播学[M]. 重庆：重庆大学出版社，2017：49.
② Ch S Peirce. Peirce on Signs: Writings on Semiotic[M]. Chapel Hill: University of North Carolina Press, 1991: 287.
③ 杨文轩，杨霆. 体育概论[M]. 北京：高等教育出版社，2005：2.

奥之城"的深刻寓意。作为奥运会的传统文化仪式,主火炬台的设计、圣火点燃的方式无疑是开幕式的亮点和高潮所在。在开幕式上,主火炬台由所有参赛国家和地区名字的小雪花汇聚而成,在万众瞩目下,最后一棒火炬定格在雪花台上,熊熊燃烧的奥运之火幻化成雪花般圣洁、灵动的小火苗,用"微火"照亮体育之光。这一系列奥林匹克运动的象征物,既表现了冬季体育运动的独特性和体育文化的深刻底蕴,也践行了低碳环保的创新理念。作为开幕式的主要仪式,各国运动员代表团的入场式呈现则是对每个国家身份认同的象征,特别是具有民族文化特色的服装,为体育文化的传播增添了多样化的色彩和表达方式。此外,引导牌上的中国结造型,以及青年志愿者服装上的中国民间剪纸图案,都体现了中华传统文化的特色。体育符号本身就代表奋斗与激情,这为在国际传播的话语建构与价值表达中充分彰显人类共同美好追求提供了巨大的精神动力,也是北京冬奥会开幕式所要呈现的奥林匹克运动精神的重要内涵。总之,开幕仪式的重要议程,有效实现了向奥林匹克运动和体育精神文化致敬的情感认同。

(二)视听符号增强视觉审美

视听符号包含图像符号、声音符号、音乐符号等直接通过视觉和听觉传递信息、表达情感、阐释价值的符号。在奥运会开幕式上,依托图片、音乐、视频等多元媒介形式,多样化的创意表达集中展现了中式的美学浪漫,为受众带来了强烈的视觉美感。在强调即时性和互动性的智媒时代,北京冬奥会的快节奏、临场感增加了强烈的视觉冲击和美学享受,对中外观众具有巨大的吸引力,推动了北京冬奥会国际传播的话语建构与价值表达。此时,视听符号成为体现主办国文化、科技等独特性和创造性的重要载体。在文化特色表达方面,作为致敬古典时代奥林匹克运动的重要环节,来自中国河北阜平山区的孩子们戴着极具民族特色的虎头帽用希腊语演唱奥林匹克会歌《奥林匹克颂》(也译《奥林匹克圣歌》),成为诠释"更快、更高、更强——更团结"奥运理念的重要表现。二十四节气的意象配以富有美感的冰雪画面,不仅向世界展示了时节更替的美丽图景,更展现了中国人传统的生命观、价值观和世界观。视频短片《未来的冠军》富有感染力和表现力的视听语言,传递了萌娃们体验冰雪、快乐玩耍的乐趣,寄托了3亿人参与冰雪的长远目标。在运动员入场式环节,竖屏(冰瀑)冰雕中式门窗和地屏(冰面)上运动员的行进路线与背景轮番播出的中国壮美景色互为呼应,传递了开门迎客的美好祝愿。在科技创意运用方面,开幕式表演的舞台就是一块巨型的光影屏,在此巨型"冰面"地屏上,闪亮"冰雪五环"、AR 效果雪花等数字光影特效为世界带来了多维的视觉冲击,此外,实时捕捉、裸眼 3D 等多种演艺设备和技术应用,助力营造烘托出空灵唯美、浪漫真实的美学氛围,让现代科技创新与传统奥林匹克精神交相辉映,成为开幕式的亮点之一。科技与文化跨界融合演变出的新文化模式与业态,凸显了国际传播话语建构与价值传播的新形态,实现了北京冬奥会开幕式将传统与时尚相交融成为表达文化态度和文化自信的独特气质。

(三)人文符号彰显价值底蕴

诉诸不同感官的人文符号通过对奥运会开幕式主题的阐释,以及独特的艺术感染力和文化共通性,实现了对价值观表达和情感输出的有效升华,对于增强世界人民的交流沟通、理解认同具有积极的意义。在开幕式上,从倒计时短片、参赛代表团入场、文艺会演到主火炬台展示等各个环节,都由"一朵雪花,传递共同情感"作为主线贯穿始终。雪花的故事,不仅讲述了"我"的故事,更是中国故事和人类故事的真实表达,并且打破了时空的限制,具有较强的话题性、人文性和传播性,传递了"我们"对于未来的美好期待,践行了"人类命运共同体"理念的价值真谛,以及"一起向未来"的最终目标。文艺演出作为宣传主办国文化的重要窗口,其聚焦"人民性"的内核依托不同故事的表达全方位阐释了开幕式的主题意义。在开幕式参演群体中,95% 是青年群体,独具匠心的安排,充分发挥了青年群体在北京冬奥会开幕式国际传播话语建构与价值表达中的主体作用,将北京冬奥会开幕式的创新性与国际传播话语体系建构的开放性相融合,完美地诠释了奥林匹克运动与时俱进的文化价值和人文底蕴。无论是在"致敬人民"环节中 70 余名来自世界各地的青年自信昂扬地走过舞台,还是在暖场环节青年学生全情投入到"中国式行进广场舞"之中,青年的广泛参与不仅展现了人们对未来生活的美好希望,更抒发了世界人民对于冬奥会举办的诚挚期盼,表达了青年群体勇于参与、乐于分享、善于表达的人类未来力量的群体特质。此外,火炬的传递与点燃更象征着奥林匹克文化的薪火相传,并通过脸书、推特、优兔、抖音、快手、微博、微信等国内外主流社交媒体的互动传播,将北京冬奥会人文价值理念的国际传播推向新的高潮。总之,多种符号的组合运用,多方位诠释了人文主题的情感传递主线,其在特定的时间空间环境下实现了结构化的意义编码和情感传递,借由媒介传播平台,凸显了对于国家形象、青年文化、体育精神的具象化塑造及呈现,传递了"一起向未来"的价值底蕴和真诚愿景,有效地实现了北京冬奥会开幕式国际传播的话语建构与价值表达。

二、意义解码:北京冬奥会开幕式的符号化意义解读与话语建构

在社会传播活动中,信息由符号和意义构成,其中,符号是信息的外在表现形式,意义则体现了信息的核心主旨内容,意义的阐释主要由符号的能指与所指的互动,即意义的输出来体现的。在传播过程中,各类符号的组合所形成的话语内容通过媒介等平台向受众传播信息的意义。作为符号的集合体,北京冬奥会开幕式所包含的符码化信息主要以语言、文字、图像、声音等不同表现形式实现"媒介再现",围绕媒介传播者的内容建构和解码加工,实现了不同文化内容的话语表达和意义阐释,其中,"仪式性"和"主题性"是贯穿其中的重要主线,它推动实现了价值观的塑造和情感的升华,唤起了观众对奥林匹克运动以及民族文化的热情和认同,促进了政治话语、文化话语、商业话语的建构与表达。

(一)政治话语的建构:国家形象符号化的价值塑造

美国学者大卫·科泽在《仪式、政治与权力》一书中这样阐述政治和象征的关系:"政治通过象征来表达。"[1]"仪式"作为实现象征表达的渠道之一,具象为国家形象符号的集中体现,它在构建政治话语的过程中承担着国家形象塑造和价值理念传播的重要作用,特别在国际传播过程中可促进实现情感共情、理念相通、价值共享。在北京冬奥会开幕式的政治话语建构方面,以"一起向未来"为主题呈现的媒介仪式和主题内容,展现了主办国在面对世界新冠疫情和百年变局双重考验的乐观与从容,向世界传递了"人类命运共同体"、全球发展倡议、推动世界可持续发展等具有融通中外特质的中国政治话语的核心内涵,实现了新时代政治话语新范式多维度、多角度、多渠道的有效

---

[1] [美]大卫·科泽.仪式、政治与权力[M].王海洲,译.南京:江苏人民出版社,2015:3.

表达,传递了中国对于人类未来命运的祝愿和关切,塑造了开放包容、负责任、有担当的国家形象,体现了当代中国推动构建"人类命运共同体"的使命担当,形成了国家政治话语建构与传播的核心内容。

(二)文化话语的建构:国家文化故事化的理念认同

奥运会开幕式作为一种文化现象,它不仅是传播文化的有益平台,更是讲好中国故事的叙事场域。在北京冬奥会开幕式的开场倒计时、文艺演出,以及主办国国旗入场、升旗仪式等多个环节,围绕"冬奥会+北京"的故事资源和篇章化的叙事逻辑,主办方生动、巧妙地利用数字科技艺术,向世界讲述了彰显中国气派、中国精神、中国价值的鲜活故事,展示了中国人民参与冰雪运动的热情、生活方式的变迁以及对美好生活的期待,充分展现了当代中国的发展力量。与此同时,在展示国际奥委会会旗、高唱国际奥委会会歌等程式化环节中,冬奥文化和民族文化实现了互动与碰撞,将具体的事实、生动的实践融入体育文化元素的表达过程之中,增强了国际传播话语建构与传播的主动性和引领性。这些以当代中国价值观念为核心、以中华优秀传统文化为根基、以现代科技创新融合为依托的叙事体系,促进了中国文化在世界范围的认同度、接受度、理解度,加深了与全球受众的情感共鸣和价值连接,为国际传播的话语建构与价值表达发挥了重要作用。

(三)商业话语的建构:国家品牌立体化的媒介表达

奥运会既是体育文化活动,也是一种商业行为。有学者指出:"国家品牌是通过营销手段与品牌管理塑造国家地位与国际社会关系的话语与实践。"① 借助奥运会开幕式这一契机,打造国家品牌战略传播体系,对于塑造并拓展国际公众对国家认知形象的话语空间,打造富有本民族特色的国家战略传播体系具有重要的意义。其中,由青年群体构成的开幕式引导员队伍、志愿者团队,包括各国运动员的入场式环节都是实现品牌传播、发挥商业话语价值的典型代表。与此同时,北京冬奥会开幕式依托电视的实时转播、平面媒体的深度报道、社交媒体的使用与互动,以及宣传片、纪录片、短视频等多种媒介形态,搭

---

① Kaneva N. Nation branding: Toward an agenda for critical research[J]. International Journal of Communication,2011:25.

建了国家品牌整合立体化传播的媒介渠道,实现了冰雪产业、冰雪运动、冰雪旅游等文化品牌的推广和宣传。"更高、更快、更强——更团结"的奥林匹克格言与"一起向未来"的奥运口号所倡导的价值理念相得益彰,助力传播具有全球共识性和价值共通性的品牌定位,进一步提升了国际传播的话语建构与价值表达的知名度和影响力。

三、价值思考:北京冬奥会开幕式对媒介仪式传播的启示

在媒介仪式中,符号的传播体现了精神文化和价值观理念的传递与共享。剖析北京冬奥会开幕式如何通过符号化的表征建构融通中外的话语体系,进一步塑造国家形象、建构文化认同、打造国家品牌,不仅丰富了提升国际传播能力的实践经验,同时也为推进跨文化背景下国际大型赛事媒介仪式的传播提供了一定的价值参考。

(一)注重议题设置和价值强化

本次大型国际性跨文化交流活动的举办,为提升中国国际话语权、塑造立体化的国家形象提供了有力的实践平台。为了更好地提升跨文化活动的影响力,在前期阶段,加强了顶层设计,下大力气精心做好叙事议题的策划和设置,系统谋划实用、高效的国际传播策略,凸显了媒介仪式作为文化交流互动、价值理念传递的场域价值,不断拓展海外舆论阵地,并注重由"宏观叙事"向"微观表达"转型,融合了"硬逻辑"和"软表达"的叙事范式,以媒介活动本身的主体内容和衍生内容建构立体化的传播内容体系,以此打开国际传播新思路,开辟国际传播新路径,用融通中外的话语体系和叙事逻辑打破话语表达圈层的障碍,讲好中国故事、坚定中国立场、表明中国主张,以此实现中国话语叙事传播实践的思辨表达和价值表达,促进了中国国家形象的多维度塑造。

(二)丰富表现形式和传播形态

随着新科技、新技术、新效能在媒介领域的深入应用,多元化的媒介传播形式和表现形态拓宽了国际传播的表达路径,为海内外受众提供了线上媒介的拟真环境,丰富了国际传播的话语建构与价值表达的内容和载体。在新形

势下，为进一步提升媒介仪式跨文化传播的效果，要充分利用主流媒体传播平台和多种海外传播渠道，发挥全媒体传播矩阵的传播优势和特点，综合运用文字、图片、视频等多种表现形式和载体，加大国际传播的内容创新和思维创新，全力调动传播客体的积极性，提升国际传播的个性化、人格化和情景化，强化国际传播的渗透力和影响力，同时，培养国外受众对媒介活动相关传播议题的黏性和兴趣点，保证海外传播的可持续性，全面提升国际传播效能。

（三）增强文化自觉和认同建构

关于文化自觉，学者费孝通指出，人们应该对自己的文化做到有"自知之明"，提升对文化转型的自主能力，与此同时，还要对其他文化有所认知，了解其与自身文化的相互关系，以此实现文化认同。[①] 以文化理念的"共通性"实现价值认同的"共在性"，北京冬奥会开幕式在国际传播的话语建构与价值表达上充分展现了新时代中国政府和人民的文化自信与文化自觉。作为跨文化交流活动，媒介仪式的传播同样需要在准确定位自身文化内核的基础上，推动与世界文化之间的融合发展，不仅弘扬中华优秀传统文化的特色优势，更要基于不同语境加强文明的交流与互鉴，营造文化价值的认同性和共通性，开辟提升中华文化国际影响力的新路径和新场域，凸显国际传播领域中独特的国家文化魅力和价值，最终实现文化认同。

（四）贴近青年文化需求和话语建构

新时代如何对外讲好中国故事，关键在青年主体。举办大型国际性跨文化交流活动可以有效推动国际传播的话语建构与价值表达：一是跨文化背景下，国际大型赛事媒介仪式本身的创新性设计和青年人喜闻乐见的形式可牢牢吸引住他们的眼球，充分满足他们的文化需求和价值追求，让青年人自发地、主动地成为活动的参与者和传播者，提升青年话语的吸引力和影响力，推动国家形象有效地跨文化传播；二是活动本身就是给青年人提供展示风采和才华的舞台，将舞台"C"位交给他们画出中外青年文化交流的最大同心圆，广泛激发青年人的创造力和表现力，真正成为国际传播的话语建构与价值表达的主体。用小切口、高站位的生动故事扩大中国国际传播的声量，持续推动

---

① 费孝通. 论文化与文化自觉[M]. 北京：群言出版社，2005：256.

青年主体的跨文化交流和国际传播，引领青年一代自发地、生动地、全面地讲好新时代中国故事，传递好中国声音，成为推动世界和平发展的先锋力量。

四、结语

总之，北京冬奥会开幕式以国家文化符号的传播策略向世界成功展示了灿烂辉煌的中华文化与现代奥林匹克精神的完美结合，通过国际传播的话语建构与价值表达丰富了中国特色国际传播体系和多元化传播主体，用融通中外的中国话语和中国叙事体系，极大地推动了中国故事的国际传播与表达，向世界生动、形象地展现了一个"可信、可爱、可敬"的国家形象，更加充分、更加鲜明地展现了新时代中国故事及其背后的感染力和吸引力，实现了符号学视域下中国国家形象的拓展与创新，把彰显新时代中国精神、中国价值、中国力量的国家形象准确地呈现给全世界，并为进一步弘扬奥林匹克精神，让全人类因体育而凝聚力量，推动构建"人类命运共同体"作出了重要贡献。

本文系 2019 年度国家社会科学基金重大项目"当代中国重要政治术语翻译与对外话语体系建设研究"（项目批准号：19ZDA126）和 2021 年度国家社会科学基金重大项目"中国核心术语国际影响力研究"（项目批准号：21&ZD158）阶段性成果。

丁一系当代中国与世界研究院对外话语创新研究中心副主任

以路为媒与空间转向：北京城市形象传播的新理路
——基于"双奥之城·看典"系列活动的考察

孔亮

【摘要】 基于"路"的媒介意涵与空间性视角，以2022北京新闻中心"双奥之城·看典"系列活动为案例，探讨冬奥会期间北京城市形象传播的新理路：重拾"路"的本质属性和媒介意涵，使之成为城市形象传播中更加注重物质情境的组成部分；更加注重城市文化空间与城市文化形象的空间性问题，将其置于文化研究空间转向与听觉文化回归的时代语境下；将城市本身作为一种"容器型媒介"，寓于其中的人、物、行动彼此交织，在日常生活场景中全息地传播着一座城市的形象。

【关键词】 北京城市形象；城市形象传播；物质性；空间性

一、引言

在当前全球疫情高位运行和世界形势纷繁复杂的大背景下，中国人民克服重重困难，向世界奉献了一场简约、安全、精彩的冬奥盛会，展现出了胸怀大局、自信开放、迎难而上、追求卓越、共创未来的北京冬奥精神。2022年北京冬奥会成为继2008年之后中国和北京形象传播的又一次成功实践。

非注册记者新闻中心，是奥运会主办城市及国家向世界展示其形象的重要窗口。作为冬奥会期间展示中国和北京形象的重要传播平台，2022北京新闻中心自2月1日对外开放以来，将"新闻+服务、新闻+文化、新闻+科技、新闻+形象"四大理念贯穿于各项服务中，为432家媒体机构的1 770名中外记者提供了百场新闻活动、百幅图片展示和千种外宣品展陈,和北京 2022 冬奥会主新闻中心一道成为传播奥运精神、讲好中国故事、展现北京形象的"双子星"。① 其中,"双奥之城·看典"互动展示活动自 2 月 1 日起,以"一天一主题、一图一故事"的访谈形式,策划了以北京历史文化名城保护、城市建设和社会发展、生态环境保护、社会保障和民生事业发展等为主题的 20 场直播活动,邀请 71 位嘉宾走进直播间,以百姓视角讲述人文北京、科技北京、绿色北京的生动故事。相关数据②显示,该直播点击和阅读量达到 1.3 亿,国外媒体关注趋势与互动总量持续攀升。

那么,"双奥之城·看典"在主题设置和小切口、巧叙事、轻量级、日常化等呈现形式上反映出城市形象传播的何种实践转向?这一实践转向为新时代下讲好中国故事、北京故事,展现中国形象、北京形象提供了怎样的新理路?本研究试图回应上述问题。

二、案例介绍与文献讨论

（一）案例介绍

"双奥之城·看典"是北京市人民政府新闻办公室、2022 北京新闻中心在北京冬奥会期间组织开展的一项互动展示活动。自 2022 年 2 月 1 日至 2 月 20 日,以"一天一主题、一图一故事"的访谈形式,策划了 20 场直播活动,主题涉及政治经济发展、历史文化保护、生态文明建设等领域,话题涵盖北京新地标、湿地保护、非遗传承、中轴线、实体书店、社区治理等方面,通过 20 场活动、近 70 个话题、71 位嘉宾,以百姓视角展现北京政治、经济、社会、文化、生态等多方面成就和多维度形象。(见表 1)

表 1 "双奥之城·看典"的话题衍生与形象呈现

直播时间	核心主题	衍生话题	呈现形象
2月1日	过大年看大戏	京剧艺术走出国门;京胡与交响乐、流行乐的融合创新;北京京剧院"寻梦·承泽"项目	北京推进传统艺术形式的创新发展和国际传播

---

① 中国新闻网.巴赫"现身"2022 北京新闻中心 向媒体记者"云拜年"[N/OL]. [2022-02-06]. http://www.chinanews.com.cn/ty/2022/02-06/9669658.shtml

② 数据采集于北京中科闻歌股份有限公司,数据监测周期:2022 年 2 月 1 日至 2022 年 2 月 21 日。

续表

直播时间	核心主题	衍生话题	呈现形象
2月2日	乘风破浪的"治水人"	延庆野鸭湖湿地自然保护区在湿地保护、物种保护方面的故事；北京优美河湖评定工作；"河长的一天"	高度重视水环境治理的绿色北京形象
2月3日	匠心匠艺的守望	北京"非遗"技艺的主要特点；花丝镶嵌、京彩瓷、绳结技艺的技艺展示和传承创新	北京注重传统技艺的传承与保护
2月4日	圣火飞扬	冬奥会火炬"飞扬"的设计理念和设计过程；奥运特许商品销售和藏品收藏	北京"双奥之城"形象
2月5日	人类文明的守护者	首都博物馆的独特优势和重要地位；以"首伯牛"为代表的博物馆文创衍生品"出圈"	北京历史悠久，文化底蕴深厚
2月6日	新地标——北京城市的"进化史"	国家速滑馆"冰丝带"的设计理念和设计过程；北京大兴国际机场成为新地标；北京十大建筑	北京城市建筑兼具历史积淀与城市活力、智能水平与绿色发展
2月7日	从北京的地下路过	奥运支线与北京轨道交通发展历程；北京地铁装饰及公共艺术设计；地铁司机"安全行车"	公共交通的便利性、智能化、人性化
2月8日	行走在中轴线上	中轴线申遗的背后故事和重要意义；重"走"北京中轴线；中和韶乐的历史沿革与传承保护	中轴线是北京政治、经济、文化、社会、生态的缩影
2月9日	太阳照常升起	冬奥会精准气象服务创新科技；冬奥气象保障有关监测、科研和预报的故事	负责任的冬奥会主办城市形象
2月10日	书香暖城	北京"最美书店"；北京"领读者计划"；读书会里的故事	北京"书香之城"的文化形象
2月11日	大运河——流动的"史诗"	大运河文化带建设与近年来大运河的维护、修缮工作；运河船工号子填补北京民间艺术宝库的空白	北京注重文化遗产保护与水生态治理
2月12日	飞翔在冰雪之上	石景山电厂路小学"小小冬奥组委"；冰雪运动进校园；农民滑雪队	全民参与冰雪运动
2月13日	在城市看见自然	野生动物在北京安家；北京雨燕；北京"城市森林"和小微湿地建设	人与自然和谐相处，北京重视生态保护，坚持绿色发展
2月14日	歌舞翩跹庆团圆	北方昆曲剧院打造"大都版《牡丹亭》"；舞剧《曹雪芹》与海淀的故事	北京推进传统艺术形式的创新发展
2月15日	全北京亮起来	冬奥会绿色供电与智慧电网；首都照明发展；华灯与华灯人的故事	北京"绿色奥运、科技奥运"形象
2月16日	我家有个"家庭医生"	家庭医生之于基层卫生健康服务体系的重要意义及背后的故事；"健康大脑"智能检测云平台	注重市民医疗保障的城市形象

续表

直播时间	核心主题	衍生话题	呈现形象
2月17日	我的地盘我做主	街巷改造与环境提升；社区治理品牌打造；社区自治、共治背后的故事	充分发挥基层民主自治的城市管理者形象
2月18日	志愿北京 感谢有你	北京志愿精神与志愿组织发展情况；学生志愿者服务北京冬奥会	洋溢着志愿精神的城市形象
2月19日	创业在北京	区块链技术与"长安链"软件平台；以中关村壹号为代表的北京科技园区建设	北京"创业热土"的城市形象
2月20日	文化之光点亮校园	汇文中学的体育传统；门头沟黑山小学的京剧艺术教育及品牌课程	北京推动传统艺术普及和"进校园"

（二）文献讨论

1. 城市形象传播研究

与城市外显因素相比，城市形象的内在要素，尤其是文化元素及由此形成的城市文化形象，是这一领域研究的重点。当前学界既赋予文化之于城市形象的基础、根脉、内核、灵魂的重要地位[1]，也有聚焦某一具体文化场景的研究，如对北京艺术影院的具体考察。

媒体是城市形象传播实践中不容忽视的重要渠道，也是相关研究无法回避的重要议题。当前，学界普遍关注到媒体是建构与传播城市形象的渠道、方式和信息源泉。人们即便没有实地探访过一座城市，也可以经由媒介对其产生认知。尤其是在新冠疫情常态化以后，"大众传媒策略"甚至被放大为一种城市形象传播的"排他性策略"。这种渠道稀缺性也在提请相关研究者与从业者注意，经由媒介塑造与传播的城市形象并非是一种还原或呈现，而是一种意义化的再现。根植于不同国别区域、文化土壤、意识形态的议题选择，报道框架和叙事策略很大程度上会左右、甚至扭曲人们对一座城市的认知与判断。[2] 因此，在某种程度上，城市形象传播效果必然是媒体（其背后是政治经济因素）之间相互竞争、彼此妥协的结果。

不难看出，这一领域的研究理路已经实现了某种转向：从媒体报道到国际传播。在此研究转向下的一大批实证研究让人们意识到，西方主流媒体的

---

[1] 冯丙奇. 城市媒体事件与城市形象传播——媒体关系视野下的节事活动分析[J]. 现代传播，2012（7）：18-21.

[2] 郭可，陈悦，杜妍. 全球城市形象传播的生成机制及理论阐释——以上海城市形象为例[J]. 新闻大学，2018（6）：1-8，146.

曝光率及情感倾向在很大程度上影响了中国城市形象的国际知名度,而"一带一路"沿线国家和城市的涉华报道及舆论是新时代建构城市形象对外传播的新路径。

节事活动与城市形象传播研究具有时间节点上的正相关性,重要节事活动前后往往是城市形象传播研究的窗口期。因此,包括奥运会在内的"聚光灯事件"(spotlight event)成为相关研究的缘起、背景或内容。值得注意的是,已经有学者将节事活动中的新闻中心作为研究对象,认为如何将"新闻媒体接待中心"转变为"新闻信息传播中心"是节事活动新闻中心建设的关键问题。[①] 这种研究取向实际上与上述城市形象传播中的媒体研究形成了某种呼应关系。

2. 奥运会与北京城市形象研究

当前,学界在这一领域的研究存在两种倾向:其一,重(中国)国家形象研究而轻(北京)城市形象研究;其二,多夏奥会研究而少冬奥会研究。因此,有关奥运会,尤其是2008年夏季奥运会与国家形象的研究是这一研究领域的主流,其研究成果丰硕,主要涵盖国家形象的建构与传播、分析框架与策略提升、宣传片中的国家形象,以及国外媒体报道中的中国国家形象等研究面向。

而聚焦于奥运会与北京城市形象的研究并不多见,大多在实证研究范式的指导下,通过量化研究方法分析冬奥会对北京城市形象的影响。

因此,通过文献梳理与讨论不难发现:国家或城市以节事活动为契机,将本国、本地区的文化等内在要素通过媒体进行大众传播(包括国际传播),这已经在城市形象传播的具体实践和理论研究中形成了完整的逻辑闭环,然而,具体到北京的城市形象传播研究仍十分有限;同时,奥运背景下的北京城市形象传播如何突破国家形象研究的藩篱进而找寻到其相对独立的理论空间,是本研究的价值所在。

三、以路为媒:中轴线、大运河、轨道交通

有关"传播/Communication"这一概念的源起、引申和流转,中外学界是有共识的。雷蒙·威廉斯(Raymond Henry Williams)认为,诞生于15世纪

---

① 李宗诚. 节事活动与城市形象传播[J]. 当代传播,2007(4):31-33.

的"Communication"这一概念最初是指"普及于大众""传授"的动作;在道路、运河与铁路蓬勃发展的17世纪末,其概念又发生了一次重要引申,出现了"交通设施"的意涵;进入20世纪,"Communication"则因信息传递工具的发展开始与"大众传播媒介"建立名实关系。① 李金铨对"Communication"在中文情境下的三种意义的讨论,即沟通、交通、媒介②,与雷蒙·威廉斯几无二致。

可见,在传播的"概念史"中,交通设施与大众传播是具有同源关系的。1844年电报的出现是二者分野的重要标志与节点,有研究者认为,电报开启了电子媒介时代,"标志着传播(communication)从交通(transportation)中第一次分离出来"③。此后,传播研究将重点放在以广播为代表的大众传播媒介上,并由此迅速确立了学科的合法性。这一研究偏向愈演愈烈,逐渐演化成为一种"媒介中心主义",由此带来了交通之于传播的影响的被遮蔽,以及对本该成为传播研究议题的诸多物质性基础,如基础设施、地理的选择性忽略等问题。

不过,近年来,已有研究者关注到查尔斯·库利(Charles Horton Cooley)的运输理论对传播学重建"交通"议题研究的启示意义④,认为以"路"为"媒"不仅拓宽了传播研究的对象,也为中国传播研究提供了一种新的可能⑤。作为一种传播实践活动,北京城市形象传播及对其的研究,是否也可以不再仅聚焦于或倾向于选择适合大众传播的传统艺术、传统技法、传统美食等,而将目光转向作为媒介的道路、交通、基础设施。

在"双奥之城·看典"主题为"行走在中轴线上"的节目中,中国文物学会会长、故宫博物院学术委员会主任单霁翔并没有过多地阐述中轴线作为权力象征的历史文化价值,或北京中轴线申报世界遗产的重要意义,而是带领大家重"走"中轴线,提供在现实生活中行走、欣赏北京中轴线的攻略:

---

① 卞冬磊.遗忘与重建:作为"传播"的"交通"[J].新闻大学,2021(1):36-37.
② 郭建斌,王丽娜.由"路"及"道":中国传播研究的一种新的可能[J].国际新闻界,2021(11):25-26.
③ Czitrom, D J. Media and the American mind: from Morse to McLuhan[M]. Chapel Hill, NC: The University of North Carolina Press, 1983: xxi.
④ 黄骏.传播是观念的交通:查尔斯·库利被忽视的运输理论及其当代启示[J].新闻与传播研究,2021(3):57.
⑤ 郭建斌,王丽娜.由"路"及"道":中国传播研究的一种新的可能[J].国际新闻界,2021(11):40.

"中轴线其实是五段。从南往北走,永定门到天桥的 1 500 米,一大片绿色的海洋,在城市中间 300 万平方米的高水平、高标准的绿化,这在世界城市中也是少见的,这反映出生态环境的好;从天桥到正阳门的 1 500 米,明清以降,学子赶考、商人会聚,经济行为比较多,逐渐衍变为北京老城三大商业中心之一,这是经济活动;最北边鼓楼到景山北门,这一段社会活动活跃,在元代是元大都大运河古码头,加之南、北锣鼓巷是传统居民区,胡同、四合院多,体现了市井的繁华;再往南,从景山到午门,过去是皇宫,今天是博物馆,是园林,它体现了北京文化中心的特色;最后汇聚到天安门广场,天安门广场是政治中心,重大的政治活动都在这儿。所以,中轴线怎么看?每一段都是 1 500 米,各有特色,生态、社会、文化、经济、政治,五个方面,你都可以感受到不同的景观。"

这种表达与叙事策略极大地还原了中轴线作为"路"的本质属性,即"路"就是用来"走"的。而以"路"为"媒",在行走过程中,中轴线作为北京城市形象在政治、经济、文化、社会、生态上的映射物,北京城市形象也自然而然地经由中轴线这一媒介本身而放大,最终清晰呈现在游人脚下、受众眼中。在"双奥之城·看典"主题为"从北京的地下路过"和"大运河——流动的'史诗'"两期节目中,发源自白浮泉的京杭大运河北京段并非观念意义上的我国古代伟大的水利工程、中国古代文明的重要标志,它和北京轨道交通奥运支线、冬奥支线,被最大程度地还原其"路"的本质属性,北京城市形象中注重文化遗产保护与水生态治理,以及公共交通的便利性、智能化、人性化等也得到相应彰显。

应当说,城市形象传播对于道路、交通、基础设施等的关注,实际上暗合了传播学重拾对物质性研究与探讨的某种转向。之所以说是"重拾",是因为传播学本身就具有物质性研究传统。有研究者爬梳了这一研究传统上溯北美的哈罗德·伊尼斯(Harold Adams Innis)、詹姆斯·凯瑞(James W. Carey)和欧洲的卡尔·马克思(Karl Heinrich Marx)、弗里德里希·恩格斯(Friedrich Engels)、伊夫·德拉海耶(Yves de la Haye)、马特拉(Armand Mattelart)等,并对后世包括戴维·莫利(David Morley)在内的研究者产生深远影响的研究脉络。[①] 对于人类生活而言,物流相较于信息流是更为根本和基础的。正如

---

① 王鑫. 物质性与流动性:对戴维·莫利传播研究议程扩展与范式转换的考察[J]. 国际新闻界,2020(9):164-165.

道路是民族和国家形成的基础,以大运河为代表的水上之路,"进一步说是水系本身几乎促成了有史以来中国的定居点即聚落的形成,这种交通培育城市的规律性比其他国家更为突出"①。

四、城市文化形象的空间性:书店、博物馆、北京城市形象宣传片

从 20 世纪后半程空间研究成为后现代研究显学的时代语境来看,对空间的研究与思考基本呈现出下述两个向度:"空间既被视为具体的物质形式,可以被标示、被分析、被解释,同时又是精神的建构,是关于空间及其生活意义表征的观念形态。"② 在此基础上,文化研究呈现出明显的空间转向。也有研究者对"文化—空间"关系进行反向思考,认为对于城市内部空间的认知是对城市本身进行认知的主要内容,其中,文化性的地位不断凸显,成为城市空间的重要组织力量。③ 上述文化研究的空间转向与空间研究的文化转向,似乎都在提醒我们注意包括书店、博物馆在内的城市文化空间与城市文化形象的空间性问题。

书店是一座城市重要的文化空间。在线上消费兴起的时代浪潮下,"实体书店"这一"逆命名"④ 行为本身就在提醒人们重新重视作为实体存在的书店的空间性。有研究者归纳出实体书店所具有的空间特征,为我们理解城市文化形象的空间性提供了多重维度:其一,书店以其自身存在构建了城市的文化景观,这种文化景观通常与商业、艺术、消费行为相伴相生,成为居伊·德波(Guy Debord)口中市民生活不可或缺的"存在意识";其二,书店是地域文脉延续的空间载体,它与城市文化的兴衰及变迁息息相关⑤;其三,书店既是个人精神与心灵的栖息之所,也是具有社交属性、以意见交换为特征的

---

① [日] 斯波义信.中国都市史 [M].布和,译.北京:北京大学出版社,2013:69.
② 陆扬,王毅.文化研究导论 [M].上海:复旦大学出版社,2006:360.
③ 黄辉."文化性"空间组织力量及其认知在城市内部空间的演变——以巴黎博物馆为例 [J].世界地理研究,2015(1):140,145.
④ 指作为后继者的"在线书店"为先起者"书店"重新命名的行为,就像儿子为父亲命名。"逆命名"(retronym)这一表述由美国人 Frank Mankiewicz 于 1980 年率先使用,后因《时代》周刊专栏作家 William Safire 撰文评论而流传。
⑤ 夏德元,宁传林.城市空间实体书店的功能再造与价值回归 [J].编辑学刊,2020(1):37.

"公共领域"。①

在"双奥之城·看典"主题为"书香暖城"的节目中,北京"最美书店"PAGEONE书店北京坊店内容总编高雅轩介绍了书店的空间布局:

"首先,它的地理位置是非常特殊的,它离天安门广场非常近,在书店二、三层的落地窗观景台就可以直接看到正阳门、箭楼、前门大街的风景,所以它占据了优势的地理位置,承载了一定的空间记忆和历史记忆,也成为了"网红打卡地"。其次,店内的各个区域,我们引入了城市的"街巷"概念,希望读者可以在不同层、不同区域看到不同主题的特色,所以我们采用黑色、白色、木色三种色调来做书店的主题设计。最后,作为书店管理者,我对书店内部进行了更细微的构造,那些不为大家所关注的点,我会更加关注,除了高垂的黑色书墙以及落地窗的观景位置这样的"网红打卡地",我个人给大家推荐从书店三层咖啡厅往里走,最里头有一个黑胶唱片区,我们在那儿会售卖黑胶唱片,有一些"发烧友"会来找唱片,大家也在那儿试听,是一个分享的空间,比较独立。"

主打"看得见风景的书店"概念的PAGEONE书店北京坊店在书店内部以主题和色调进行空间区隔,这种空间区隔必然带来策展、喝咖啡、社交、听唱片等阅读之外的功能延伸,丰富和塑造了读者的介入方式与文化体验。而书店二、三层的落地窗观景台之所以能成为"网红打卡地",很重要的一个原因在于PAGEONE书店北京坊店对于空间的有效腾挪与利用:书店通过落地窗将内部空间与包括正阳门、箭楼、前门大街的风景在内的外部空间连通,打通了内、外部空间的区隔,在某种程度上拓宽了书店的整体空间。

除了看得见、摸得着的实体空间,书店(或博物馆)体现其空间性的另一个重要向度是通过列斐伏尔口中的"诗性实践",即文化艺术与日常生活的创造性融合,营造出一种观念意义上的文化空间,借以反抗日常生活的琐碎与平庸。这是书店、博物馆等城市文化空间存在的重要意义,也是一座城市对外呈现自身文化形象的重要维度。

在"双奥之城·看典"主题为"新地标——北京城市的'进化史'"的节目中播放的一则时长1分33秒的主题为"听见北京"的城市形象宣传片也在提醒我们,听觉空间是讨论城市文化形象空间性不容忽视的议题。(见表2)

---

① 高竞艳. 城市文化体验建构下的实体书店[J]. 出版广角, 2020（4）：43.

表 2　北京城市宣传片的声音元素和听觉形象

时间点	声音元素	听觉形象
00:05	主人公戴上耳机	主人公开始声音之旅
00:12	雨燕飞过声	人与自然和谐相处
00:20	翻书声	书香之城
00:29	人工智能体验声	科技北京
00:32	地铁进站声	城市基础设施便利
00:34	铛铛车声	传统与现代结合
00:43	共享单车铃声	共享经济繁荣
00:50	游湖划桨声	自然风光优美
01:00	鸽哨声	人与自然和谐相处
01:05	中关村壹号闸机刷脸声	科技北京
01:17	京剧表演声	传统艺术
01:18	北京烤鸭烤制声	传统美食
01:21	环球影城游乐声	城市活力
01:27	主人公摘下耳机	主人公结束声音之旅

通常意义上，我们更容易理解视觉是如何感知空间和形体的。不同于视觉的再投射可以"牢固地锚定在源头上"，听觉"向声源的再投射只是部分进行的"。① 这意味着听觉空间的生成注定是流动不居但变化有序的。麦克卢汉在《传播中的探索》一书中将其（指声觉空间）概括为"没有自己所偏爱的焦点……并且一刻不停地生成自己所特有的维度"②。那么，听觉空间的建构是如何被把握的呢？应当说，听觉有其自身把握空间的规律，甚至可以被看作是一种优势。人耳像一个频率分析仪，左右耳同时接收声音时会产生相位差，而通过远近相位滤波器的平衡与过滤，不仅可以判断声源的方向、位置和距离，甚至可以对声音所处空间的尺寸、范围进行判断。更重要的是，当我们细"听"北京城市宣传片中的声音元素的同时，漫步于北京城市街头，如同听着梭罗《瓦尔登湖》的录音漫步在瓦尔登湖畔，个人听觉空间与公共视觉空间

---

① [法] 米歇尔·希翁. 声音 [M]. 张艾弓, 译. 北京: 北京大学出版社, 2013: 150.
② 高慧芳. 论麦克卢汉的声觉空间与视觉空间——对麦克卢汉媒介思想的一种新理解 [J]. 国际新闻界, 2016 (4): 83.

的消弭会产生置身其中的、令人愉悦的"叠加感"（doubleness）①，这难道不是一种感知北京文化形象的绝佳通道吗？

五、作为媒介的城市：新地标、社区治理、湿地建设

将城市作为媒介，或城市本身就是媒介，这并非是一个新鲜的提法。日本学者佐藤卓己曾在关于现代传媒史的叙述中直接提出这一问题："如果说城市就是媒介，是不是听起来有些奇怪？"②他进一步解释道，城市沟通私域与公域的功能与大众媒介的本质无异，从这个意义上说，作为媒介的城市是可以被包括传播学者在内的学界理解的。事实也是如此。弗里德里希·基特勒（Fredirch Kittler）和丹尼斯·麦奎尔（Denis McQuail）都认为媒介完全嵌入城市使得城市本身成为一种聚合多重网络的介质，二人在对"媒介—城市"这一问题上的看法可谓殊途同归。③近年来，国内学界更有直接以"作为媒介的城市"为标题的研究，认为基于物质性与空间性视角的"作为媒介的城市"是对"城市中的传播"与"传播中的城市"这两种传统范式的突破，将城市本身视为一种"容器型媒介"（vessel medium）。

所谓"容器型媒介"，是与传统意义上输送信息流的"管道型媒介"（如大众媒体）对举的一组概念。这一表述被引入一种更具隐喻性的哲学探讨中，即容器真正令人着迷的特性，并非"它阻止其内容物与外部接触的'密闭'属性"，而是"它以自身所敞开的那种被布鲁诺·拉图尔（Bruno La-tour）等人称为'虚空'的空间"。④在这一包罗万象的"虚空"中，城市里的人、物、行动彼此交织，或垒筑成有形的实物，如地标建筑、基础设施；或积淀为无形的风貌，如风土人情、社会秩序，共同形塑着城市这一独特的文明容器。

在"双奥之城·看典"主题为"新地标——北京城市的'进化史'"的节目中，国家速滑馆设计团队负责人、北京建筑设计研究院副总建筑师郑方介绍了"冰丝带"的设计过程，揭秘"冰丝带"的"丝带"为什么刚好是22条：

---

① Matthew Rubery 在《Audiobooks, Literature, and Sound Studies》一书中所举的例子。
② [日]佐藤卓己. 现代传媒史[M]. 诸葛蔚东,译. 北京：北京大学出版社, 2004：24.
③ 复旦大学信息与传播研究中心课题组,孙玮. 城市传播：重建传播与人的关系[J]. 新闻与传播研究, 2015（7）：9.
④ 胡翼青,张婧妍. 作为媒介的城市：城市传播研究的第三种范式[J]. 福建师范大学学报, 2021（6）：144, 153.

"最初实验的时候,是实验了8条,但8条显得尺度太大,建筑本身的凹凸也会变得非常强烈。我们就尝试增加,把它做到50多条,因为那时候在尝试把它表面做成像轻纱一样轻盈,所以做得就非常细,非常透明,真的像纱一样。但这样一来,就使丝带太多、太长了,而且它在工程上的建造会变得非常困难,因为每一条都接近600米,总数上过长,在工程上就难以实现。最后,我们就索性试一下北京冬奥会2022年的22条,它既代表了北京冬奥会举办的年份;同时,也把我们的建筑分解为大概3300多个单元,这些单元是我们现在工厂生产线和现场建造能够实现的尺度。"

通常意义上,我们将建筑视为一种"静态的物"(static object),而拉图尔将建筑作为一项"动态的筹划"(moving project)的观点为我们提供了新的视角。[①] 作为北京新地标的"冰丝带"从设计之初到完工落成,是在人、物、行动的彼此互动、相互妥协中稳定下来的。换句话说,建筑的意义总是动态的,最终呈现在人们面前的22条"冰丝带"是人、物、行动共同卷入的一次社会实践的结果。那么,我们对于地标建筑作为城市形象传播的重要载体的理解,就可以不止于符号象征、观念意义等,而可将其拓展到物质性、空间性,以及作为城市主体的人的行动这些层面。

这一点在"双奥之城·看典"主题为"乘风破浪的'治水人'"和"我的地盘我做主"两期节目中也有所体现。前者关注北京湿地建设和生态治理;后者聚焦街巷规划和社区治理。无论是位于延庆区的北京首个国家湿地公园,还是以"好商量议事会"为代表的北京社区治理品牌,都是基于物质性与空间性视角,将城市形象传播嵌入日常生活场景,与地方化集体记忆相勾连,使传播更具全息特点。

因此,与西方城市的源头古希腊及其城邦文明一样,北京的地标建筑、市民生活、生态环境,甚至道路交通、基础设施等,都被涵容进"城市"这一文明容器中,以"容器型媒介"传播北京的城市形象。

六、结论与讨论

基于物质性与空间性视角,探讨北京城市形象传播的新理路:重拾"路"

---

① 戴宇辰."物"也是城市中的行动者吗?——理解城市传播分析的物质性维度[J].新闻与传播研究,2020(3):60.

的本质属性和媒介意涵,使之成为城市形象传播中更加注重物质情境的组成部分;更加注重城市文化空间与城市文化形象的空间性问题,将其置于文化研究空间转向与听觉文化回归的时代语境下;将城市本身作为一种"容器型媒介",寓于其中的人、物、行动彼此交织,在日常生活场景中全息地传播着一座城市的形象。

作为一种人类生存的基本方式和普遍行为,传播存在于城市生活的各个面向,既包括物质层面的连接传输,也包括精神层面的意义共享。这一传播观念的普遍化与对称性将原本分属物质空间与精神文化、时间性与空间性,甚至视觉感官与听觉感官等不同层面的城市现象与问题整合到传播的立场加以考察,既开创了城市研究的新领域,也创新了传播研究的新范式。

"可沟通的城市"(communicative city)这一概念的提出和流转是这一新范式的实践运用。这一带有西方社会传统的概念融入中国语境后,被赋予了更多现代性与公共性的研究意味。不过,关注物质层面的传播意义、将传播嵌入日常生活空间等概念内核仍被保留,成为当代中国城市传播研究的重要维度。城市可沟通性具体的关系网络、交流网络、意义网络有赖于城市居民日常生活的传播实践,而这一传播实践又与一时一地特定的物质性基础、文化空间、生活方式等紧密相关。因此,从某种意义上来说,对于北京城市形象传播超越媒介中心主义而更加注重物质、空间情境的探讨,与城市传播研究从"媒介化城市"(mediated city)到"可沟通的城市"(communicative city)的研究进路是具有内在一致性的。当然,"可沟通的城市"中诸多有意义的现代性与公共性议题也可以成为北京城市形象研究进一步延展的方向。

本文为2020年度教育部人文社会科学研究专项任务项目(中国特色社会主义理论体系研究)《视听媒体舆情动态有关研究》的阶段性成果,项目编号20JD710001。

孔亮系北京第二外国语学院北京对外文化传播研究基地研究员、社会科学文献出版社博士后科研工作站在站博士后

下 编

北京城市形象与对外文化传播

发挥"双奥之城"优势,以城市品牌国际传播促进北京城市国际美誉度和吸引力建构

范红　眭谦

继成功举办2008夏季奥林匹克运动会之后,2022年,冬奥会、冬残奥会在北京成功举办,北京成为全球首个"双奥之城"。面临快速变化的国际媒体生态环境以及复杂的国际舆论形势的挑战,北京市应充分利用成为"双奥之城"的契机,充分挖掘、利用奥运资源,继续发挥冬奥的城市曝光度和国际声量的传播力量,放大"双奥之城"优势,对北京新时期的城市品牌形象进行顶层设计,借鉴知名全球城市和全球创意城市的经验,科学规划国际传播内容和渠道,使北京继续保持在全球城市激烈竞争中的软实力优势。本论文结合城市声誉与美誉度、全球城市吸引力等理论和指标体系,通过案例研究和问卷调研,探讨北京城市美誉度与城市品牌形象的互动关系,并对北京全球美誉度的打造和国际传播工作提出建议。

一、城市声誉和美誉度的学理内涵

(一)城市声誉的内涵解读

声誉是指一个人、一个组织或一个地方等行为主体的各方面行为能力的综合反映,它依附于主体又相对独立于主体,是行为主体的一项总体性的无形资产,它是推动不同社会、不同主体之间从事各种交往活动的驱动力量。城市声誉既是公众头脑中的城市总体印象,也是公众在日常交流中对城市的主观评价,由声誉广度、声誉深度和声誉美誉度构成。城市声誉的形成可分为三个阶段:象征化编码、信息扩散和社会认知。象征化编码指的是组织需要通过

符号和故事体系,对自身要传达的信息、理念和价值观进行不同形式的编码,有效引导公众快速认识和正向评价。信息扩散指的是组织通过各种媒介渠道让自身想表达的形象快速扩散,既包括在新闻媒体、广告、短视频媒体等基于技术的大众传播渠道中扩散,也包括基于大众感官体验的空间环境中的扩散。通过象征化编码和信息扩散,符号和故事在公众脑海里逐渐形成,通过重复传播,形象得以强化,符号的象征意义得以接受和记忆,形成了有符号化特征的城市声誉。

城市声誉的形成与传播密不可分。城市政府部门作为城市声誉的核心主体,通过不同传播方式(如新闻传播、活动传播、空间传播等)向媒体、利益相关者和社会公众发送信息,凝结成公众(包括国际公众)对城市的整体看法,这就形成了城市的声誉。城市声誉是城市在全球竞争中重要的软实力资产。

(二)城市美誉度与情感体验

城市美誉度是公众对城市的美好体验和正向评价,它既是公众真实的情感流露,也是公众的主观价值判断。城市美誉度与公众的文化背景、生活阅历、城市参照体验等因素密不可分。

城市美誉度的创建是一项持续性、系统性的塑造和传播过程。美誉度依赖于长期的形象传播积累,而不是仅仅依赖"网红"的一时效应。从传播的角度来看,美誉度的产生离不开传播的广度和深度。传播的广度指的是传播所能覆盖的人群,而传播的深度则是指公众对传播的主题和价值的深度认知、高度认同以及情感偏爱。

(三)城市声誉、美誉度与城市品牌的互动关系

城市声誉与美誉度是可以管理和建设的,地方政府需要将它们制定在长期的城市管理战略中,确保它们能够可持续地良性循环。同时,政府也需要将居民、游客、企业、文化组织、国家等不同利益相关方所关心的议题统筹整合起来,形成极为鲜明的城市品牌价值,通过品牌定位策略,将城市独有的身份识别传播给利益相关者,并根据他们的反馈进行品牌形象的修正、完善和进一步凸显。(见图1)

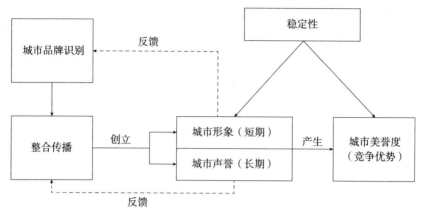

图 1　城市传播与美誉度互动关系形成机制模型

（四）城市美誉度的构成要素

为确保城市正向声誉不断扩大、聚焦城市品牌价值的美誉度可持续地良性循环，政府需要管理好影响城市声誉和美誉度的 6 个要素，即城市基调、文化传统、包容精神、多元人才、科技创新和形象代言。这 6 个要素相互依存、相互作用，共同影响城市声誉和美誉度。图 2 揭示了它们之间的互动关系：

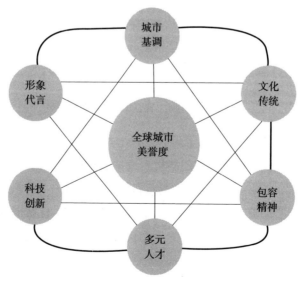

图 2　全球城市美誉度建构的核心要素

这里需要解释的是"城市基调"和"形象代言"这两个要素。城市基调是城市氛围、城市认同、城市特质形成的一种文化调性。它来自居民日常生活、城市故事、文化遗产、表演美学等方面，代表当地居民的一种原创力。由于城市基调具有本土原真性，它最容易传递城市的个性化吸引力，能引发居民的共情，也能够唤起旅游者的新奇体验。形象传播是城市声誉和美誉度管理的重要方面。城市声誉的传播需要有"代言"，而在互联网时代"电子口碑"对城市美誉度的作用与日俱增。"代言"是一个广泛的概念，不局限于明星等传统意义上的"代言人"，而是指能够代表城市形象和美誉的一切符号，吉祥物、特色产品、传统习惯等，凡是能够给城市带来积极评价的一切象征，都能成为城市声誉的"代言"。在城市品牌国际传播的过程中，"形象代言"的受众记忆和感知效果远远超越了新闻传播和信息传播。

二、全球城市与全球城市吸引力评估

（一）全球城市的概念

全球城市（Global City）又称世界级城市，指在社会、经济、文化和政治层面直接影响全球事务的城市。全球城市具有雄厚的经济实力、巨大的国际高端资源流量，以及在文化交流与国际交往等方面较强的全球影响力。

（二）全球城市吸引力的含义

"全球城市吸引力"是指全球城市在文化积淀、社会制度、宜居环境以及可预期的增长前景等软、硬实力共同作用下，形成的对全球资本、信息、人才等各种优质资源的吸附和集聚能力，是在全球城市网络中能够引导流量从网络体系的各个方向流向该城市的力量。

（三）全球城市吸引力的相关评估

当前，在世界范围内，以下几种关于全球城市吸引力的评估报告较为有影响力：

1. 全球化及世界城市（GaWC）与"世界城市网络"

全球化及世界城市（Globalization and World Cities，GaWC）组织自2000年起不定期发布《世界城市名册》。根据银行、保险、法律、咨询管理、广告和会计这6大高级生产性服务业机构在世界700多座城市中的分布，全球化及世界城市将城市划分为Alpha，Beta，Gamma，Sufficiency（+/-）4个等级（即全球一、二、三四线），以表明不同城市在全球化经济中的位置及融入度。共有6座中国城市入围Alpha等级城市，其中香港、上海、北京同为Alpha+，广州、台北和深圳3个城市入选Alpha-。全球化及世界城市认为，生产性服务企业在全球城市经济中发挥着核心作用，构成了全球服务中心互联互通的"世界城市网络"。

2. 施罗德（Schroders）与全球城市指数

全球最大的资产管理公司施罗德每年都会发布全球城市指数（Global Cities Index）排行榜，遴选出当年最好的、最具发展前景的城市，为投资者投资提供重要参考。2021年，施罗德对全球城市指数指标进行了调整，在保留经济、环境、创新的基础上，加入了交通基础设施这一新指标。在该排名中处于前列的城市，大都是国际商业和文化的中心，通常拥有庞大而多样化的经济，具备强大的文化教育氛围和世界领先的基础设施。2022年，伦敦蝉联榜首，成为全球超高净值人士最爱居住和投资的城市。波士顿、旧金山、纽约、墨尔本紧随其后。中国也有多个城市上榜，其中包括香港（9）、深圳（20）、北京（25）、杭州（27）、上海（29）。

3. 经济学人智库（EIU）与全球宜居性排名

经济学人智库每年都会发布全球宜居城市排名（Global Liveability Ranking），根据社会稳定性、医疗保健、文化与环境、教育、基础设施5个维度，对全球140个城市的生活质量进行排名。其中，社会稳定性维度权重为25%，医疗保健维度权重为20%，文化与环境维度权重为25%，教育维度权重为10%，基础设施权重为20%。

受新冠肺炎疫情影响，在2021年的排名中，经济学人智库将医疗资源压力、对本地体育赛事及文艺演出的限制、对餐饮机构的限制、对教育机构的限制等新的指标纳入现有的评级体系中，评估每个城市的承压能力和限制程度。奥克兰、大阪、阿德莱德、惠灵顿、东京、珀斯、苏黎世、日内瓦、墨尔本、布里斯班位居前十。

4.《Monocle》与品质生活城市评选

作为全球知名的生活方式杂志，《Monocle》每年会开展全球品质生活城市（Quality of Life Survey）评选，其调查标准包括了安全性、国际化、气候、建筑质量、公共交通、包容性、自然环境、城市设计、商业条件、政策发展、医疗水平这些维度。评选指标不仅包括了社会安全性、基础设施发展程度以及商业便利度等经典指标,也包括了房价、生活费用、户外活动方便性、公共图书馆数量、新开的书店和咖啡馆数量,乃至对宠物的友好程度等指标。

2021年的评选标准更注重城市如何建设未来,试图评估哪些城市更好地重建了城市,维持了城市经济、文化景观和繁华街道,并开展了社区公园与公共交通等基础设施、促进公民自豪感的项目。它们不评选隔离措施最好的城市、医疗系统最完备的城市、灾后重建最出色的城市,而是关注那些在疫情中维护生活质量的细节。位居2021年《Monocle》品质生活城市前10名的分别是哥本哈根、苏黎世、赫尔辛基、斯德哥尔摩、东京、维也纳、里斯本、奥克兰、台北、悉尼。

5. 联合国教科文组织创意城市网络与全球创意城市

联合国教科文组织创意城市网络(UNESCO CreativeCities Network,UCCN)建立于2004年,每两年一评,涵盖了手工艺品和民间艺术、设计、电影、美食、文学、媒体艺术和音乐7个创意领域。截至目前,创意城市网络由295个城市参与构成,覆盖90个国家。中国共17个城市在网(截止到2021年),包括北京作为设计之都入选。中国现已成为联合国教科文组织创意城市网络中创意城市数量最多的国家。

从目前国际评估机构的测评结构来看,北京的吸引力更多集中在经济、投资领域,而在宜居、时尚、创意领域与一些国际城市却存在一定差距,这些领域正是北京未来打造美誉度和全球吸引力需要重点发力的地方。就北京城市美誉度和全球吸引力构建而言,我们首先需要明确北京城市品牌形象定位,简言之,就是要确定我们究竟要塑造和传播北京市什么样的形象,并研究这样的形象是否对城市利益相关方群体构成美誉度和吸引力。

三、国际城市提升美誉度和全球吸引力的相关实践

通过塑造城市品牌,传播城市形象,以大型赛事活动、艺术活动为契机,来提升城市的美誉度和全球吸引力是目前全球各国城市较为普遍的实践做法。这里我们列举3个全球城市的例子。

(一)巴塞罗那:借助奥运实施品牌化的成功故事

一项调查显示,巴塞罗那是仅次于巴黎、伦敦的享有最高美誉度和良好城

市形象的欧洲城市,世界主义、创新创意、文化积淀和生活品质等因素是构成其良好形象和吸引力的基础。其中,1992年奥运会对其城市形象转型发挥了关键作用。巴塞罗那城市品牌化过程利用了多种城市元素的组合,包括城市的历史、文化、语言、美食、区位、景观和气候,以及当地居民的殷勤好客。

创意、创新、前卫和胆识是巴塞罗那城市形象转型的基础。城市发展模式、前卫风格建筑、卓越设计品位以及奥运会的举办,是其品牌化成功的关键因素。奥运会以后,巴塞罗那在城市再设计和形象塑造方面的成果得到延续、纵深发展,并结出硕果,吸引了大批来自全世界的游客、学生和专业人士来游览。"巴塞罗那"成为时尚的代名词。

巴塞罗那在城市的重新设计和整合中,创立了各种"主题年"——"高迪年""设计年""书籍与阅读年""毕加索年""科学之年"等。这些"主题年"为受众献上了了解这座城市具体领域文化内涵的思想盛宴。"巴塞罗那22@创意街区"(22@Barcelona)旧工厂改造项目为智慧密集型活动提供了现代化的发展空间,形成了新的经济增长点。修复由高迪设计的圣家族大教堂和奎尔公园,以及修建通信塔和鱼形雕塑的公共投资,在国际媒体上产生了许多免费宣传,因此吸引了越来越多来自全球各地的游客。

巴塞罗那借助奥运赛事传播城市美誉度的经验值得北京关注和借鉴。奥运前,其场馆设施建设和设计就充分考虑到城市空间魅力的打造,以及后续产业,尤其旅游业的利用;奥运后,将奥运遗产融入城市公共文化体系,开展城市品牌化活动,把城市打造成集文化、艺术、旅游、会展、休闲于一体的目的地。

(二)伦敦的自我定位:世界上最大的创意中心

2009年后期,时任市长的鲍里斯·约翰逊发起一项重新打造城市品牌的活动,强调要"用一个涵盖全面的单一版本进行推广",以吸引全球目光。

伦敦打造城市美誉度的主要路径是从城市文化战略入手,举办奥运会、促进区域复兴、催化创意产业都是这一战略的组成部分,强调艺术、文化和创意产业在保持城市竞争优势、改善人们生活、推动经济发展和支持地方振兴上具有重要意义。伦敦将自己定位为"世界最大的创意中心之一""创新型国际都市""机遇无限的城市""充满自信、具有前瞻视野的世界文化之都",希望塑造开放、热情、包容的城市形象,并为艺术、文化和创意产业的发展提供机会。

在具体实践中,重点通过艺术介入城市公共设施来提升城市公共空间的魅力。这些空间包括街道、广场、医院、火车站、建筑立面、屏幕、公园和停车场等。公共艺术品形式多种多样，包括互动性活动、建筑介入作品、表演、声音、灯光和雕塑等。通过公共艺术来呈现城市的复杂性、多样性以及独特的价值观、世界观，借助城市居民及历史文化的形象化，强化外部受众对城市形象的感知。伦敦交通局的"地铁上的艺术"项目是将公共艺术融入地铁站和交通基础设施的一项大胆尝试，它使得传统的伦敦地铁网络成为当前世界上最大的画廊，每年有13.7亿的"参观者"以乘客身份参观了这个画廊，这种传播效果是过去任何传统的艺术展示方式都无法企及的。

伦敦在通过举办文化活动传播城市品牌方面一向不遗余力。伦敦奥运文化节共吸引了204个国家和地区的2.5万名艺术家，总共上演高达1.2万场次的文化活动，来自世界各地最好的音乐、戏剧、舞蹈、文学、电影、时装、视觉艺术作品都在英国观众和前来英国观看奥运会的全世界游客面前上演。在伦敦奥运会期间，整个伦敦都成为世界文化交流的平台，高水平艺术庆典活动放大了指数级传播效果。

伦敦在提升城市美誉度和吸引力方面有一个全面、系统的战略，最突出之处在于围绕公共艺术和创意产业采取一系列的品牌化策略和营销行动。伦敦正是因为有更先进的营销和城市品牌理念，才得以在与巴黎长期的形象角逐中略胜一筹。

（三）东京：持续更新迭代的城市品牌

东京品牌的管理是一种外部推广和全球规划。2006年，东京发布了一个10年期计划——"东京大变化"，旨到2016年让东京成为亚洲金融、贸易等经济活动的要地及亚洲流行文化最大的传播中心。持续更新迭代的品牌标识、符号体系和传播创新让东京城市形象焕发了生机。

为了在东京奥运会举办之前向世界传播东京魅力，东京都设计了独特的"& TOKYO"城市视觉形象标识（见图3），该标识可以和各种词汇组合使用，如"SUSHI

图3 "& TOKYO"标识

& TOKYO""FASHION & TOKYO"等,添加&符号的意图在于,东京希望鼓励个人和组织把自己的名字置于标志之前,由此推动人们与这座城市建立起多种多样的联系。东京大约花费了1.3亿日元(近700万元人民币)与都内地方政府通力合作,推广该标识形象,包括影视宣传片、平面视觉宣传物料等。任何合法机构、企业、个人可以免费使用"& TOKYO"标识!

2017年,东京市政府推出了新口号"Old meets New",意为新老元素的融合碰撞,在历史长河的前行中不断催生出新文化。围绕新定位设计的字体标志中,两个"Tokyo"分别采用东方式的笔刷和西方式哥特体这两种风格截然不同的字体设计,表现了东京传统与创新共存的独特城市魅力(见图4)。传统用东方水墨来传递,而未来则用天蓝色。围绕这一新标志,东京拍摄了数轮系列短视频,大规模传播东京的旅游、文化和吸引点,致力于全面提升城市美誉度。

图4 东京城市Logo字体设计

城市公共文化活动是东京扩大品牌影响力的重要途径。各类"祭典"大会四季不断,如福生七夕祭、新宿EISA太鼓舞祭、隅田川烟火大会等。另外,与动漫流行文化相关的卡通明星等的表演秀和与市民互动的各种活动也非常丰富,秋叶原有东京动画中心、女仆咖啡厅,下北泽有短片电影院Tollywood等,每年吸引世界动漫迷来朝圣。这些城市公共文化为游客和本地居民提供了丰富的体验。

东京在城市美誉度的建构方面,最为亮眼的就是打造完善的城市品牌营销体系和丰富的公共文化活动,有明确的城市品牌定位,有全套的城市Logo、宣传语、城市歌曲、宣传片、城市名片以及配套文化活动等传播载体。

四、北京城市美誉度和全球吸引力的指标框架

基于城市声誉形成与管理理论,参考国际上广泛使用的城市品牌营销和全球城市吸引力评估指标,结合各国全球城市的实践以及北京的实际情况,我们初步设计了北京城市美誉度和全球吸引力指标框架,以期为北京城市声誉的良性循环管理提供有益的帮助。

综合考虑社会、经济、文化、生活、景观等诸多因素,我们构建北京城市美

誉度和全球吸引力指标框架，包含人文、空间、生活、经济、旅游、传播6个维度和16个二级指标（见表1）。

表1　北京美誉度和全球吸引力指标体系

人文维度	价值感召	城市品牌识别、城市精神
	艺术创意	创意产业、文创区、创意产品
	文化遗产	历史遗产、自然遗产、非物质文化遗产、公共艺术
空间维度	城市风貌	特色街区、地标建筑、城市家具
	生态环境	公园、绿道、农业生态空间
	交通工具	公共交通设施、巴士、出租、导视
生活维度	生活风俗	民间习俗、传统节庆
	地方产品	原产地产品、地理标志产品、地方品牌
	时尚生活	生活便利设施（商场、超市）、体育运动设施、娱乐休闲场所
经济维度	营商环境	政府服务、投资服务、政策
	科技创新	科技企业、科技园区、科技产品
	基础设施	道路、交通、空气、商务设施
旅游维度	度假设施	度假区、风景区、景点、旅游服务
	美食住宿	美食、宾馆
传播维度	传播能力	新媒体、传统媒体、传播组织
	传播活动	庆典、赛事、论坛、展会

（一）人文维度

人文维度涵盖了一座城市在文化方面的吸引力，既包括文化资源这样的客观维度，也包括文化价值这样的主观维度，下设价值感召力、艺术创意力、文化遗产3个指标。

价值感召力指人们对该城市文化的认同度和接受度，是美誉度和吸引力的价值来源，可以通过考察人们对城市品牌识别、城市精神的喜爱程度来量化。

艺术创意力指创造力在城市发展中发挥的作用，是美誉度和吸引力的创新，体现了城市文化中的创新元素，创意产业、文创区、创意产品的发展情况能够反映该城市的艺术创意程度。

文化遗产指历史留给人类的财富,既包括历史遗产、自然遗产,也包括非物质文化遗产。文化遗产形成于城市,使其得以拥有区别于其他地方的特征,是美誉度和吸引力的历史基础。

(二)空间维度

城市空间是城市社会、经济、政治、文化等要素的运行载体,各类城市活动所形成的功能区构成了城市空间结构的基本框架。城市空间是衡量一座城市是否具有吸引力的物质基础,下设城市风貌、生态环境、交通设施3个指标。

城市风貌指在一定的时空条件下,城市社会利用自然、改造自然所创造的有别于其他城市的物质和精神成果的外在表现形式,能反映出一座城市特有的气质和性格,包括特色街区、地标建筑、城市家居等,是城市美誉度和吸引力的体现。

城市生态环境为人类社会发展提供了必要的各种资源,公园、绿道、农业生态空间等为城市居民休闲娱乐提供了重要的场所。城市作为人们生活和工作的重要区域,其生态环境质量关乎人类的生存和发展。

交通设施包括公共交通工具、巴士、出租,以及导视、站台等城市服务设施,其直接影响着人们出行的便利程度,美誉度高的城市往往有发达、便捷和富有地方特点的交通设施。

(三)生活维度

城市是人们的生活空间,只有适宜人类工作、生活和居住的城市才能形成强大的美誉度和吸引力,这是城市美誉度和吸引力的日常体现,下设生活风俗、地方产品、时尚生活3个指标。

由于自然环境、社会条件、经济水平的差异,不同城市在饮食、服饰、节庆等方面形成了独特的风俗习惯,在实践活动中不断重复并被大众所认可,最终成为城市文化的一种象征。因此,生活风俗影响着城市的独特性,美誉度和吸引力的提高依赖于城市生活风俗。

地方产品指具有地方特色属性且能够被人们使用和消费的产品,包括利用特定地域原料的原产地产品、以当地地理名称命名的地理标志产品等。优质的地方产品可以形成特定的城市形象和地方品牌,是美誉度和吸引力的载体之一。

生活便利设施、体育运动设施、娱乐休闲场所等基础设施则满足着人们消费、娱乐、运动的需求,是使人产生较高生活满意度的必要条件。

（四）经济维度

城市经济活力指城市经济发展过程中的能力和潜力，主要表现为经济成长的能力、引进资本能力、吸引高素质劳动力的能力，是城市美誉度与吸引力的经济基础，下设营商环境、科技创新、基础设施3个指标。

营商环境指市场主体在准入、生产经营、退出等过程中涉及的政务环境、市场环境、法治环境、人文环境等有关外部因素和条件的总和，可以通过政府服务、投资服务、政策等指标对其进行量化。

科技创新度影响着城市在招商引资方面的吸引力，科技企业、科技园区、科技产品多的城市往往更容易形成科技产业集聚，具有更高的吸引力。

道路、交通、空气、商务等基础设施是经济发展的基础，是城市提高美誉度和吸引力的基础保障。

（五）旅游维度

旅游维度考量城市在国内外游客中的声誉，既包括度假区、风景区、景点等度假设施，也包括美食、住宿等配套设施。当游客收获良好的旅游体验时，城市美誉度有可能拓展至全国乃至全球范围。

（六）传播维度

城市传播力是城市软实力的重要组成部分，是城市思想舆论引导力、城市品牌形象感召力、城市媒介文明渗透力的综合体现，是城市提高美誉度和吸引力的媒介渠道。

传播活动指通过有计划地策划以大众媒体为媒介和渠道的活动，向受众进行有目的的传播，包括城市开展的庆典、赛事、论坛、展会。

传播能力指实现有效传播的能力，可以通过一座城市拥有的媒介数量与传播组织数量来量化。

五、以品牌化的国际传播促进城市美誉度和全球吸引力的建设

基于前述指标框架我们认为，北京的国际传播应以创建北京的城市美誉

度和全球吸引力为目标,将传播内容聚焦在城市的人文感召力、空间吸引力、生活品质力和经济创新力4个方面。同时,整合媒介资源,加强北京作为全球城市的国际传播力建设。在此,对北京城市形象的国际传播,我们提出了以下建议:

(一)以城市品牌为引领,加强北京的国际美誉度和吸引力

城市品牌建设在北京城市美誉度和全球吸引力提升工作中起着关键性的引领作用,应逐步强化和提升北京市城市品牌塑造与国际传播的研究,系统研究北京在世界城市体系中的形象定位,明确需要传播的北京城市形象究竟是什么,在此基础上设计城市视觉识别系统,制订基于形象定位的系统性传播规划。

以对城市各类资源的系统梳理为基础,提炼形成一整套城市文化符号,将其加工和转化为城市形象传播的主要内容,广泛运用于城市国际交往和国际传播工作中,帮助外部受众对北京形成清晰、完整、正面的印象,让全世界都能听到、听清、听懂北京声音。

(二)集聚艺术传播活动,凸显北京"全球创意之都"形象

对京剧艺术节、国际音乐节、国际电影节、国际设计周、运河国际艺术周等艺术文化活动加以整合,提升品牌效应,加快电影、戏剧、音乐、艺术、摄影等艺术资源的集聚,吸引国际知名文艺团体、文化机构、业界大师等来京,形成世界艺术界、艺术产业关注热点,催化城市创意产业,进一步建设国际创意城市。

高度重视视觉艺术传播。拍摄以北京城市生活为背景的电影,与电影同步宣传北京城市形象;举办主题性国际摄影大赛和摄影展,传播北京视觉形象;打造世界顶级艺术博览会、画廊展,集聚世界艺术资源;支持国际知名画廊、国际艺术拍卖机构入驻北京,形成亚洲最为重要的当代艺术中心,推动北京艺术市场发展。

(三)运用赛事认证和传播策略,放大"双奥之城"的全球影响力

充分发挥"双奥之城"优势,加强冬奥场馆赛后利用,引进更多顶级国际体育赛事,重点申办速度滑冰、短道速滑等冬季赛事活动,以及北京国际帆船赛暨北京帆船公开赛,向社会普及冬季运动项目、水上运动项目;鼓励举办国

际高水平商业赛事和竞赛表演,培育具有自主知识产权的品牌赛事;运用认证策略,整合文化、旅游、商务、节庆活动等资源,加大力度做好传播工作,放大奥运城市的全球传播效应。

(四)策划本土原真性的民间文化活动,彰显北京地方传统文化特质

整合民间节庆活动资源,深入挖掘风土人情、地方特产、传统习俗、生活方式、文学艺术、行为规范、价值观念等地域文化要素,依托传统岁时节庆、孔庙、国子监、天坛等历史文化资源,打造本土原真性、体验性、互动性强的北京特色文化活动(如端午、重阳、祭天、祭孔、"汉字节"等),吸引公众和在北京居住的外籍人士参与。

携手友好城市共同举办北京风筝节,加强风筝节的品牌建设,增加体验性文旅项目,建设风筝文化博物馆,开发风筝文创产品,形成北京独特的"国潮"文旅活动品牌。

(五)关注全球城市发展重要议题,积极参与国际交流和全球治理

灵活运用活动传播手段,包括沙龙、论坛、讲座、放映会、读书会、产品推介会、美食品尝会、表演等进行北京形象的对外传播。鼓励更多民间主体参与全球治理和公共外交活动。围绕全球化话题进行文化传播,展开深入合作交流,关注全人类的切身问题,推广"人类命运共同体"理念,树立城市良好的社会责任形象。

全球性议题包括:联合国确定的各类纪念日、节庆(如地球日、读书日、知识产权日等)、健康与卫生、科学技术、贫困国家教育援助、落后国家女童教育和扫盲、环境与气候变化、文化遗产保护和利用、当代艺术赞助、创意产业与创意人才培训、性别平等与儿童保护等。

(六)有效运用媒体矩阵,加强城市国际传播

积极构建全面、立体的媒体传播矩阵,开辟国际主流渠道,创新载体运用,在国际信息流动中放大城市声音。强化北京市具有代表性的官方媒体英文网站的内容生产,加速北京媒体新闻和外宣网站的品牌化、平台化、国际化进程,形成一批有传播力、影响力,具备互动与社交功能的平台级项目。

为适应数字化和"微时代"要求,建构国际新媒体传播体系,充分利用国内外社交媒体平台和数字化媒体资源,着力建设国际新媒体传播体系。积极开发海外主流新媒体平台的合作资源,鼓励北京具有代表性的媒体在脸书(Facebook)、推特(Twitter)、Instagram、优兔(YouTube)、LinkedIn、微信、微博、抖音、快手、今日头条、B站等国内外社交平台开设账号,运用微视频、动新闻、网络直播等多种方式扩大北京声量,并与境外媒体平台建立手拉手合作机制,推动更多境外主流媒体和华文媒体在京设立分支机构。

重视城市国际传播应以内容为王,创作出国际受众喜爱的优质传播内容,彰显北京作为全球城市的传播力。

(七)关注"Z世代"青年精英,着眼未来变化趋势

"Z世代"是移动社交平台的主要使用者和参与者,通过社交媒体、智能终端等新技术手段进行沟通交流(73%)、信息获取(41%)和分享表达(25%)。"Z世代"的精英和青年应成为北京城市形象传播的重点人群。由于该群体适应世界快速变化的特点和趋势,具有更多的活力、创造性和优势资源,因此,加强与该群体的交流与合作有助于未来与对象国的相互理解。同时,借助这些精英也有助于扩大自身在对象国的影响力。

【参考文献】

[1] 参考智库.北京冬奥会塑造中国形象的实践与启示[EB/OL].(2022-03-08)[2022-05-26]. http://www.cankaoxiaoxi.com/zhiku/2022/0308/2471669.shtml.

[2] 葛入涵,黄嫣,周朝霞.国际体育赛事对城市品牌国际化的赋能机制[J].公关世界,2022(5):100-101.

[3] 何国平.城市形象传播:框架与策略[J].现代传播(中国传媒大学学报),2010(8):13-17.

[4] 李丽萍,吴祥裕.宜居城市评价指标体系研究[J].中共济南市委党校学报,2007(1):16-21.

[5] 联合国教科文组织国际创意与可持续发展中心.重磅!一文读懂如何加入联合国教科文组织全球创意城市网络[EB/OL].(2021-11-16)[2022-05-26]. http://city.cri.cn/20211116/a62f2a2c-4b62-2b00-67f3-d5c8e179df11.html.

[6] 联合国教科文组织国际创意与可持续发展中心.Creativity and Sustainable Development Report No.1: Creative Economy and Urban Regeneration（2019-2020）[M].北京：社会科学文献出版社，2021.

[7] 陆建非.上海提升全球城市品牌形象与增强城市吸引力研究[J].科学发展,2016(3)：106-113.

[8] 缪荣.公司声誉[M].北京：经济管理出版社，2013.

[9] 苏宁,屠启宇.全球城市吸引力、竞争力、创造力的内涵与互动特点[J].同济大学学报（社会科学版），2018，29（5）：115-124.

[10] 汪帅东.企业声誉的概念认知与多维评价[J].现代管理科学，2018（12）：97-99.

[11] 新华网.国际奥委会如何评价北京冬奥会？——专访小萨马兰奇[EB/OL].（2022-02-12）[2022-05-26].http://www.news.cn/2022/02/12/c_1211568045.htm.

[12] 徐旻昕.上海全球城市吸引力指标体系构建与比较分析[J].科学发展，2021（2）：68-77.

[13] 于宏源.全球城市建设和上海国际大都市吸引力的探索[J].上海城市管理，2018，27（4）：4-7.

[14] 周振华.增强上海全球城市吸引力、创造力和竞争力研究[J].科学发展，2018（7）：12.

[15] Ashworth G，Kavaratzis M. Beyond the Logo: Brand Management for Cities[J]. The Journal of Brand Management，2009，16（8）：520-531.

[16] Brunet F. The economy of the Barcelona Olympic Games[M]//Macrury I，Poynter G. Olympic Cities: 2012 and the Remaking of London. London: Routledge，2001.

[17] Gough D，Martin S. Meta-evaluation of the impacts and legacy of the London 2012 Olympic Games and Paralympic Games: Developing methods paper[J]. Journal of Glaciology，2012.

[18] Herstein R，Berger R. Hosting the Olympics: a city's make-or-break impression[J]. Journal of Business Strategy，2013（5）：54-59.

[19] Jones A. London 2012: Urban Imagery and City Branding [M]// Merkel U. Identity Discourses and Communities in International Events. London: Palgrave Macmillan，2015.

[20] Muñoz F. Olympic Urbanism and Olympic Villages: Planning Strategies in Olympic Host Cities，London 1908 to London 2012[J]. The Sociological Review（Keele），2006，54.

[21] Schroders. Global Cities: Score Index Top 30[R/OL].（2022-02-28）[2022-05-26].

https://www.schroders.com/en/schrodersglobalcities/blog/global-cities-index/.

[22] The Economist Intelligence Unit，The Global Liveability Index 2021：How the Covid-19 pandemic affected liveability worldwide[R/OL].（2021-06-08）[2022-05-26]. https://www.eiu.com/n/campaigns/global-liveability-index-2021/.

范红系清华大学国家形象传播研究中心主任、新闻与传播学院教授、博士生导师，国家区域品牌协会（International Place Brand Association）常务理事；睦谦系清华大学国家形象传播研究中心城市品牌研究室执行主任，智库专家

国际传播语境下北京城市形象建构的叙事策略

李宇

【摘要】作为首都,北京形象建构是中国国家形象建构的重要组成部分。城市形象建构需要讲好城市故事,不断完善叙事能力和水平。随着媒介技术的变革,城市自我叙事要从以传统媒体渠道为主转向全程媒体、全息媒体、全员媒体;随着叙事主体的多元化,城市自我叙事要注重发挥年轻一代在国际社交媒体平台上发布与城市形象相关的内容;城市自我叙事还要充分研究海外存在的刻板印象,分析成因,并查找对策。城市自我叙事要不断创新策略,通过共享化叙事、共识性叙事和共情化叙事提升传播效果。

【关键词】国际传播;城市形象建构;叙事策略;北京

现代都市是人类文明高度发展的产物,是悠久历史文化的储存载体,同时也是现代潮流文化的展示平台。随着中国日益走近世界舞台中央,北京、上海等大城市不仅是中外交流的枢纽,也是对外传播中国形象、讲述中国故事的重要窗口。从学术研究来说,城市形象建构有很多研究视角。例如,可以从品牌传播的角度研究城市品牌形象建构,同时也可以从国际传播的角度研究城市叙事。本文主要基于国际传播视角分析城市形象建构的叙事策略。基于国际传播语境,城市形象反映出一座城市的风貌概况是其在国际社会上获得的认识和评价。借用美国学者拉斯谢诺(Frank Louis Russiano)关于国家形象的表述,城市形象也可以划分为"两个相互协调的意义层级:自我形象和他者形象"[1]。其中,自我形象是城市基于大众传播、组织传播以及人际传播等渠

---

① 王润珏,周亭主编.融合与创新:"一带一路"软力量建设研究(2018)[M].北京:中国传媒大学出版社,2019:133,134.

道,通过自我叙事而建构的形象;自我形象既包括城市政府机构基于旅游、招商等特定目的建构出的形象,也包括城市居民在社交媒体平台上有意识或无意识展现出的形象。他者形象是非本国的媒体、机构或个人通过他者叙事所建构的形象,包括新闻报道、影视与文学创作、旅游见闻等载体中所展现的形象。当然,他者叙事也可能是经过包装的自我叙事。例如,威尼斯市每年都从其他国家邀请一位知名作家到威尼斯住 3 个月,写一部关于威尼斯的作品。这位受邀作家在离开之前把书稿交给威尼斯市,由其译成意大利语并印刷出来。该书并非基于商业考量,而是服务于城市形象建构目的,出版后成为威尼斯市的礼物,是非卖品。例如,中国作家阿城的《威尼斯日记》就是应威尼斯市邀请写的。[1] 总体来说,城市形象建构要以自我叙事为主,以他者叙事为辅。当前,全球化、数字化、智能化、移动化、社交化深入推进,城市形象建构应积极创新自我叙事策略,充分契合国际传播新形势、新要求。

一、国际传播语境下城市形象建构中叙事的主要挑战

在国际传播语境下,城市形象建构在自我叙事和他者叙事时都面临着一些挑战。

(一)媒介变迁与叙事主体的多元

当前,媒介技术和通信技术处在深度变革之中,互联网革命、移动互联革命和社会网革命这三大革命相互交织,给受众行为模式、媒介使用方式和社会交往形式带来深刻影响。在诸多变化之中,受众主导权的显著增强、社交平台话语权的大幅提升显得尤为突出。在互联网时代,个体正在成为网络化的节点,同时也在成为网格区间的中心。巴里·威尔曼在《超越孤独》一书中认为,一个人组建出以个人为中心的社交网,个人因此成为网络化的个人。[2] 受众行为方式的变化,深刻影响着受众获取媒介信息的方式和路径。对小群体的研究表明,传播内容会沿着社交线扩散,这些社交线由朋友、有共同爱好的人或持有相同意见的人组成。人际传播能强化或左右初始意见,这种人际影响要

---

[1] 阿城. 脱腔说[M]. 南京:江苏凤凰文艺出版社,2016:320.
[2] 罗家德. 复杂:信息时代的连接、机会与布局[M]. 北京:中信出版社,2017:6.

比大众传播更为有力。新技术发展在凸显个人特征的同时,也在改写传播要素的相互关系。在传统媒体时代,国际传播首先要解决地理距离的问题,卫星电视、国际广播等电子媒介承担着主渠道的作用。在这一发展阶段,国际传播范式以"传者"为主导,传播模式大致可以简化为"传者—内容—渠道—受众"。随着新兴媒体的发展,传播主导权正在从"传者"转向"受者",国际传播的范式也随之改写。因此,城市需要积极主动应对媒介变革。一方面,在大众传播、组织传播等渠道进行的自我叙事要优化传播理念、模式、渠道和方式;另一方面,要积极利用社交媒体等新兴媒介平台,并探索网红传播、短视频传播等新模式。

另外,城市形象建构需要重视民众,尤其是青少年在社交媒体平台上的自发传播。在媒介变革背景下,社交媒体正在成为全球大众传播、组织传播和人际传播的重要平台。全球社交媒体独立用户规模从2012年的14.8亿增长到2022年的46.2亿,10年间增加了3.1倍。2022年,全球人口总数约为79.1亿,移动通信独立用户规模为53.1亿,互联网用户规模为49.5亿,社交媒体独立用户规模为46.2亿。就社交媒体使用时间长度而言,全球互联网用户(16~64岁)的日均使用时间在2013年为1小时37分钟,2016年为2小时8分钟,2019年为2小时25分钟,2021年为2小时27分钟。[①] 社交媒体平台正是基于庞大用户规模以及态度响应、民意聚合等方面的作用,使其在国际传播场域中的战略价值与现实作用受到越来越多的关注。当前,全程媒体、全息媒体、全员媒体、全效媒体为中国公民开展跨国交流提供了更广泛、更全面、更丰富的渠道,尤其作为网络空间第一批"原住民"的青少年群体更是擅于运用社交平台等网络传播渠道在国际话语空间中开展交流、进行表达,成为城市形象建构的生力军。另外,包括青少年在内的普通民众必须具备一定的媒介素养,才能在国际传播场域中发挥积极、正向作用,包括跨文化传播能力、叙事能力等,这样才能多角度、多方位、多层次讲好城市故事。因此,在媒介变革背景下和国际传播语境中,自我叙事和他者叙事中的公众媒介素养正在成为城市形象建构的一个挑战。

---

① Digital 2022: Another Year of Bumper Growth—We Are Social China[EB/OL]. www.wearesocial.com,2022-01-22. https://wearesocial.com/cn/blog/2022/01/digital-2022-another-year-of-bumper-growth/.

（二）公民素质与叙事内容的异化

每一位城市居民都是外国旅游者、商贸人士、学生等群体了解这座城市的直接渠道，国际传播语境下的公民素质成为城市形象建构的关键要素。克莉丝汀·吉尔伯特（Christine Gilbert）是一位美国记者，曾经在北京生活过几个月。她写了一本名为《母语》（*Mother Tongue*）的书，其中回忆了某个冬天在北京遭遇的不愉快的一幕：那天北京下着大雪，非常寒冷，作者与丈夫德鲁（Drew）带着年幼的儿子科尔（Cole）去故宫游玩，但儿子突然感冒发烧了，他们决定尽快回到宾馆。但因为路程太近，司机接连拒载。作者写道："走到排在最后的那辆出租车前……他（德鲁）慢慢地说出了酒店的名字，然后指着街道，模仿着'不远，不远，就在这条街上'。此时，儿子科尔已经显得身体很不舒服了，但司机看着我的丈夫，歪着头，用手朝我们挥了挥，就像他在掸掉臭虫一样。德鲁脸色铁青，看着我说：'克莉丝汀，中国是最糟糕的。'他不必列出原因。"①一家人最后踏着雪，深一脚浅一脚回到了宾馆。可以想象，那一群在故宫外趴活的出租车司机如果不拒载，帮助一家人回到宾馆，他们心里对北京的印象是不是会截然不同？我们自己也有过这种在车站、景点被出租车司机拒载的经历，感受确实很不好，也会影响我们对这个地方的印象。我们很多时候怀念一座城，正是因为在那里遇见过让人温暖的人；而当我们讨厌一个地方，也多是因为在那里遇见了令人不愉快的人。随着全球化程度不断加深，中外交流交往更为紧密，每一位公民都是城市形象乃至国家形象的代言人，需要不断培育和强化这方面的责任意识。

公民素质对于城市形象乃至国家形象具有非常关键的作用。全球品牌估值咨询机构品牌金融公司（Brand Finance）发布的《2022年全球软实力指数排名》（*Global Soft Power Index 2022*）显示，中国得分为64.2，位居全球第四，亚洲第一。前三位为美国（70.4）、英国（64.9）、德国（64.6）。该机构的软实力排名基于7个维度、31个指标，其中调查涵盖120个国家，受访者超过10万名。7个维度中有2个维度与传播有关，即媒体传播（Media & Communication）与国民和价值观（People & Values）。其中，"国民和价值观"维度包括5个指标，即慷慨（Generous）、有趣（Fun）、友好（Friendly）、可信（Trustworthy）、隐忍与包容（Tolerant & Inclusive）。②"慷慨""有趣""友好""可信""隐忍与包容"

---

① Christine Gilbert：Mother Tongue[M]．USA：Penguin Random House LLC．2016：46，80．
② https://brandirectory.com/softpower．

可以解读为价值观,但更是公民素质的要素。在新兴媒体时代,每一位外国旅人都能成为一个传播者,通过其社交媒体账号表达对一座城市的感受、体验,其中这座城市的普通人是这幅异国景观中最鲜活的元素。对于账号的关注者来说,这些感受与体验就从一个侧面或视角建构出了这座城市的形象。因此,在他者叙事中,公民素质可能会对城市形象建构的自我叙事形成异化,而这在相当长一段时期内都会是国际传播语境下城市形象建构的主要挑战之一。

(三)刻板印象与叙事效果的折扣

在国际传播中,刻板印象一直是一个挑战。在国际传播语境下,外部世界凭借历史文献、陈旧照片、影视作品以及游记等会对一个国家、一座城市产生刻板印象,将对这个城市的形象定格在过去的某个阶段,或限制在某个视角下。时至今日,一些没有到过中国的人依然觉得北京是清朝时的城市样貌,北京居民依然穿着长衫、留着辫子;或者就是20世纪六七十年代的风貌,虽然古朴,但也陈旧,而居民都穿着统一的蓝布衣。对于北京这样历史悠久的城市来说,刻板印象问题较为容易产生。

另外,北京作为中国的首都,具有浓厚的政治色彩,城市形象建构也会受到意识形态刻板印象的影响。长期以来,中国故事被西方置于"自由世界对决共产主义"的叙事框架之中;"冷战"结束后,美国及其盟友开启了"我们这一代的意识形态斗争"。[1] 另外,一些中东欧国家还遗存着对共产主义意识形态的偏见、陈见。根据中国外文局当代中国与世界研究院2017年10月至2018年1月在"一带一路"沿线17个主要国家开展的中国观调查结果,在东欧前共产党执政国家,对"中国共产党的领导地位"认可度明显偏低,波兰(29.2%)和捷克(28.8%)的认可度均不足三成。[2] 当前,在欧美媒体的新闻报道和传媒叙事中,"北京"通常被用来指代中国或中国政府,这无疑给北京增添了浓厚的"非常规"色彩,甚至成为西方国家对华刻板印象的意象载体。因此,在国际传播,尤其是国际舆论斗争背景下,北京在他者叙事中的刻板印象会在一定程度上减损传播效果,这将是北京城市形象建构中需要长期面对的一个挑战。

---

[1] [美]简·尼德文·皮特尔斯. 全球化与文化:全球混融(第二版)[M]. 王瑜琨,译. 北京:中国传媒大学出版社,2014:145.
[2] 于运全等. 全球民意调查中的中国形象[M]. 北京:外文出版社,2019:101-103.

二、国际传播语境下城市形象建构的叙事策略

在国际传播语境下,城市自我叙事既是城市形象建构的主要路径,也是对外讲好中国故事的重要维度。著名对外传播家沈苏儒提出,对外传播要完成一个"了解—理解—同情—接受—友好—合作—支持"的过程,其中,关键在于我们的对外传播工作者能否在我们同外国受众之间找到兴趣/需求的交汇点;找到认知的交汇点;找到感情的交汇点。① 同理,城市在通过宣传片、纪录片、新闻报道等方式对外进行自我叙事时,需要注重策略性,尤其要通过共享、共识和共情来建构城市形象。

(一)共享性叙事策略

共享性叙事,是指在城市自我叙事中实现与目标受众兴趣和需求的交汇点。换言之,共享性叙事是针对目标国主流社会和受众的现实需求,如城市环境治理、城市经济发展、城市建设与文物保护协同推进等问题,分享解决方案和成功经验,由此在潜移默化中进行形象建构。

当前,中国的发展成就举世瞩目,城市建设的中国主张、中国智慧、中国方案得到越来越多的认可,这为对外讲好中国故事提供了丰富的素材、鲜活的话语和全新的语境。城市发展故事具有较强的直观度和说服力,能以小见大、生动鲜活、全方位地阐释、破解"世界之问"的中国方案。

长期以来,世界各国在城市建设中都面临许多问题,包括环境、社会、文化、民生等。日本学者加藤周一对日本现代化建设中出现的问题曾进行深刻反思,他写道:"我在1964年奥运会前回到东京,看到东京那富于进取、忘记过去、展望未来的勇敢姿态,让我感到很惊讶……在全世界的城市中,能够如此坚决地用前者(现代混凝土结构)摧毁后者(传统建筑)的城市,至少在拥有历史传统的大城市中,东京应该是绝无仅有的。巴黎恐怕连做梦都不会在协和广场的中央架起高速公路。""在整个日本,为了赚钱而修建'京都塔'的人,照样生活得心安理得。从这一点来看,像日本这样为了一点点便利和利益,侮辱、破坏和践踏本国悠久历史中创造出的美,并且毫不在意的国家,是绝无仅有的。"② 中国在城市建设中也曾经走过弯路。北京大学建筑与景观设计

---

① 沈苏儒. 对外传播的理论与实践 [M]. 北京:五洲传播出版社, 2004:94-95.
② [日] 加藤周一. 日本人的皮囊 [M]. 李友敏, 译. 北京:新星出版社, 2018:62.

学院教授俞孔坚在《一座城市,一部历史》的序言中指出,中国过去30年的城镇化建设,获得了前所未有的高速发展,但也由于长期以来缺乏正确的指导思想和科学的理论指导,形成了规划落后、盲目冒进、无序开发的混乱局面;造成了土地开发失控、建成区过度膨胀、功能混乱、城市运行低效等严重后果……我们甚至失去了生活和生活空间的记忆(城市和乡村的文化遗产大量毁灭)。正因为如此,习近平总书记带头表达了对"望得见山,看得见水,记得住乡愁"的城市的渴望;也正因为如此,生态文明和美丽中国建设才作为执政党的头号目标被郑重地提了出来。[①] 十八大以来,中国全面优化了城市建设的理念和模式,其中城市建设与文物保护、生态保护协同推进的诸多举措备受关注。正如习近平总书记 2022 年 5 月 27 日在中共中央政治局第三十九次集体学习时强调,文物和文化遗产承载着中华民族的基因和血脉,要让更多文物和文化遗产活起来,营造传承中华文明的浓厚社会氛围。以北京城市副中心建设为例,规划和建设既注重现代气息与时尚风格,例如运河商务区、环球影城主题公园等颇具国际范,又注重历史遗产和文化传承,按照世界文化遗产保护要求对大运河古桥、古闸、古坝、古码头进行保护和再利用,对潞县故城、通州古城、张家湾漕运古镇进行整体保护。中国城市建设探索出的"新旧"相生相济模式,对于当前许多国家,尤其是发展中国家来说有参考借鉴意义。实际上,在共享性叙事中,针对世界各国在城市建设和发展中存在的一些共性问题,北京以及中国其他城市的成功经验在对外传播中能引起关注和共鸣。而且,这些解决方案背后更深层的价值理念更加具有叙事价值,能有效丰富全人类在发展理念和社会价值观念等方面的内涵。

  城市形象的建构不仅依托于城市建筑、道路设施等"硬件"建设,还有赖于城市治理、经济发展等"软件"建设。2020 年新冠肺炎疫情在全球肆虐以来,北京在疫情防控方面的治理能力和治理效力是形象建构的重要主题。在应对包括新冠疫情以及"非典"等过程中,北京积累了有益的经验,构建了有效的模式,形成了有价值的方案。北京的经验、模式和方案对当今世界许多大城市和超大城市也都具有一定的参考借鉴价值,是对外讲好北京故事、建构北京形象的重要素材。另外,经济发展关系到国计民生,既是全球热点话题,也是讲

---

① 俞孔坚:主编序,载[日]李永石等. 一座城市,一部历史[M]. 吴荣华,译. 南京:译林出版社,2019:341.

好北京故事、建构北京形象的重要主题。2021年,中央广播电视总台曾以城市为主题策划、制作了融媒系列报道《万亿城市》,精选多个全年GDP达到或超过1万亿元人民币的中国城市,以城市为切口折射中国经济高质量发展新动向,彰显中国经济韧性与活力,推出后在全球广受关注。基于共享性叙事,城市形象建构能更加贴近目标受众的关注点和需求点,进而有效提升形象建构的效果。

(二)共识性叙事策略

共识性叙事,是指在城市自我叙事中实现与目标受众关于某些领域认知的交汇点。换言之,共识性叙事是针对受众已知的内容进行强化,从而达到形象建构的目的。城市承担着储存文化、流传文化和创造文化三个基本使命。[①] 对于北京这样兼具悠久历史与现代时尚的大都市,历史文化和流行文化都是进行形象建构的重要资源。同时,开放、包容的城市精神也具有吸引力,容易与国外受众实现认知交汇,开展共识性叙事。

长期以来,历史文化是北京进行城市自我叙事的重要主题,长城、故宫、颐和园以及京剧等文化符号被广泛运用,为城市形象的建构发挥了积极作用。相比之下,流行文化在共识性叙事方面的潜力还有待挖掘。近年来,北京致力于打造中国流行文化中心。经过多年发展,北京在音乐、话剧、电影、时装等领域已经形成了较为雄厚的基础,例如,在2011年创设了北京国际电影节,在2016年设立了北京时装周,这些都已在国内外具备了一定影响力。从产业区域布局来说,北京市在东部有望京小街时尚国际商圈、铜牛张家湾设计小镇未来设计园,在南部有丰台永乐文智园、京工时尚创新园、大兴雪莲时尚工坊;在北部有怀柔铜牛影视基地和光华视觉工业园;在中部有莱锦文化创意产业园和铜牛电影产业园,涉及影视IP、文化创意、时尚设计等多个领域。在未来的城市形象建构中,流行文化应发挥更为显著的作用,这也有助于破解一些外部世界对北京的刻板印象。

除了历史文化和流行文化之外,开放、包容的城市精神也是共识性叙事的重要内容。有学者认为,城市精神气质的推广和传播要得益于几个重要

---

① [美]刘易斯·芒福德. 城市发展史——起源、演变和前景[M]. 刘俊岭,倪文彦,译. 北京:中国建筑工业出版社,2005:序言.

因素:这个城市没有贫富差距或民族和种族群体间的巨大鸿沟;城市拥有或者曾经拥有伟大的城市规划者,他们用道德的、政治的或法律的权威来推行旨在利于实现共同的公共思想的城市改造计划;一个外部机构如广告宣传活动或电影给城市贴上拥有某个特征的标签;居民拥有城市身份认同,并有一种强大的动力来争取维持这种身份;城市有实质性权威来推行法律、条例、地方法规,以及保护和繁荣其特别身份和精神的规定。[1] 美国学者理查德·佛罗里达 2002 年在《创意阶层的崛起》一书中认为,经济最为繁荣的城市和都会区都在"3T要素"方面表现出色。3T即技术(Technology)、人才(Talent)和包容性(Tolerance)。它们拥有密集的科技公司,拥有能提供人才的优质学校和研究型大学,还富有包容性,这使它们能够吸引和留住不同性别、国籍、种族的人才。[2]"3T要素"提出了城市发展的条件,同时解读了城市精神气质中的重要内容——包容性。无论是在传统文化,还是在当代文化中,中国始终强调开放、包容的精神。作为中国的国际大都市,北京在开放、包容方面的理念与举措等都是值得对外讲述的故事。从城市形象建构来说,城市的自我叙事不仅要展现经济、科技、教育等领域发展成就,也要充分诠释精神气质,在精神层面强化与受众的共识。北京具有独到的城市精神气质,在世界大都市中也独具一格。在共识性叙事中,北京城市精神气质能为历史文化和流行文化符号注入灵魂,有助于向世界呈现更为立体、深度、生动的城市形象。

(三)共情性叙事策略

共情性叙事,是指在城市自我叙事中展现城市中人物的生活与情感,与目标受众实现情感共鸣。换言之,共情性叙事是基于感情的交汇点来促进城市自我叙事主体与传播对象之间情感相通,以此建构有温度、有底色、有态度的城市形象。

从心理学来说,共情是一种能力,它使我们理解别人的想法或感受,并用恰当的情绪来回应这些想法和感受[3]。从城市自我叙事来说,共情就是要强化

---

[1] [加]贝淡宁,[以]艾维纳.城市的精神[M].吴万伟,译.重庆:重庆出版社,2012:前言12.
[2] [美]理查德·佛罗里达.新城市危机:不平等与正在消失的中产阶级[M].吴楠,译.北京:中信出版社,2019:前言4,5.
[3] [英]西蒙·巴伦-科恩.恶的科学[M].高天羽,译.桂林:广西师范大学出版社,2018:22.

与目标受众之间的情感捆绑。大卫·奥格威认为:"成功的品牌是那些和客户建立捆绑的品牌。"捆绑可以分为结构性捆绑和情感捆绑。情感捆绑的建立要困难得多,但也更能经受竞争的考验。① 通过共情性叙事,城市形象就变得有血有肉,有了温度和温情,有助于在国际上实现"好感传播"。

共情化叙事要注重人本议题。通常来说,都市都是给人一种疏离、忙碌、紧张,甚至冷漠的印象。有西方学者认为,现代都市生活的背井离乡和匆忙的状态,以及缺乏串联的工作,造成了冷漠与紊乱的社会环境;现代都市人的人们被工业化经济体系隔离开来,生活在消费主义的指导下,而不是和睦融洽的社区中。② 相比西方社会的城市治理模式,中国城市治理秉持"以人为本"的精神,高度重视人们的幸福感、获得感、安全感。例如,北京着力强化老城区的保护与发展,从 2017 年启动核心区背街小巷环境整治提升三年行动,2021 年开始实施新修订的《北京历史文化名城保护条例》,同年《北京市"十四五"时期历史文化名城保护发展规划》获批,一体化推进疏解整治、城市更新,在保护北京古都面貌的同时不断改善市民的生活环境。美国学者理查德·佛罗里达认为,只有以人为本,基于地点的新型经济才能持续繁荣,关键是要建造一些小型设施让城市变得更宜居,比如建造人行道、适宜步行的街道、自行车道、公园、艺术场馆、演出场地,以及咖啡馆和餐厅、能吸引人流的活力街区。城市不仅需要竞争的商业氛围,更需要良好的人文环境,吸引形形色色的居民。③ 近年来,北京和其他中国城市在城市治理上非常注重宜居,这是值得向世界充分讲述的生动故事。更为可贵的是,北京等城市除了物质层面上的宜居,更注重精神层面上的和睦融洽,例如,社区建设非常注重邻里关系。在城市自我叙事中,人与人之间的温情是重要主题,能为城市形象建构添加更为厚重的底色。

共情性叙事要注重民生议题。安居乐业是各国人民的共同愿望,民生是具有全球共通性和共享性的故事。例如,北京近年来着力提升就业、教育、医疗、养老等方面的民生福祉,并大力改善城市生活质量,仅在 2022 年就推进实

---

① [美]马克·布莱尔等. 360 度品牌传播与管理[M]. 胡波,译. 北京:机械工业出版社,2004:83.
② [美]詹姆斯·希尔曼. 灵魂的密码[M]. 朱松,译. 北京:商务出版社,2016:50.
③ [美]理查德·佛罗里达. 新城市危机:不平等与正在消失的中产阶级[M]. 吴楠,译. 北京:中信出版社,2019;前言 5.

施百万亩造林绿化工程,推进建设全龄友好、近民亲民的绿色空间,以及一批贴近社区、方便可达的健身设施,包括温榆河公园朝阳段一期、朝阳绿道、路县故城考古遗址公园二期等。北京还从市民反映的问题中选取高频共性难点,如老楼加装电梯、电动自行车集中充电等群众"急、难、愁、盼"的问题。北京和其他中国城市一样,秉持为了人民、发展依靠人民、发展成果由人民共享的理念,不断增强民众的幸福感、获得感、安全感。在城市自我叙事中,民生故事在都市生活的框架下就具有了共情性。

共情化叙事还要关注特定群体。当前,老龄化问题以及适老化建设是世界各国都较为关注的话题。日本的老龄化问题非常严重,日本《读卖新闻》曾专题报道了山形县独居老人的生活问题。记者在调查中发现,该县 25% 的老人每周的外出次数都少于一次,而其外出次数较少的原因则分别是"没有什么要办的事情"(37.2%)、"担心自己的身体"(28.7%)、"交通不方便"(25.2%)、"害怕外出"(22.6%)等。除了生活上的问题,独居老人心灵上的空虚、孤独和不安也是一个极其严重的社会问题。[1] 近年来,北京大力推进适老化改造,大大提升了老年人生活便利度。与此同时,随着中国经济发展水平的不断提升,中国老年人的生活状态和整体质量有了明显改善。老年人群体是共情化叙事的重要对象,与之相关的故事在对外城市形象建构中可以发挥独特作用。

三、结语与展望

作为首都,北京城市形象的建构是中国国家形象建构的重要组成部分。城市形象建构需要讲好城市故事,包括城市建设的故事、文化传承的故事、创新发展的故事、民生福祉的故事,等等。美国公共关系领域先驱艾维·李认为,如果要想获得公众的好感,一家公司必须有好的故事可讲。在他看来,没有什么比选择合适的语言讲故事给公众听更重要了。[2] 城市形象建构的核心目标之一是提升国际社会的好感度,因此需要着力讲好城市故事,不断完善叙事的能力和水平。随着媒介技术的变革,城市自我叙事要从以传统媒体渠道为主,

---

[1] 侯越主编. 中日跨文化交际研究 [M]. 北京:中国传媒大学出版社, 2016:184.
[2] [美] 雷·埃尔顿·赫伯特. 取悦公众:公关之父艾维·李和美国公关发展史 [M]. 胡百精等, 译. 北京:中国传媒大学出版社, 2014:111, 115.

转向全程媒体、全息媒体、全员媒体；随着叙事主体的多元化，城市自我叙事要注重引导年轻一代在国际社交媒体平台上发布与城市形象相关的内容；城市自我叙事还要充分研究海外存在的刻板印象，分析成因，并查找对策。城市自我叙事要不断创新策略，通过共享化叙事、共识性叙事和共情化叙事提升传播效果。

与此同时，城市形象建构也不能忽视他者叙事的作用，为此需要创新方式来"引导"他者的叙事框架和方向，例如，邀约知名作家、影视导演等以北京为对象进行创作；同时，也要扎实推进城市硬件建设和软件建设，提高公民素养和文明水平，有效减少他者叙事中的负面形象。

李宇系中央广播电视总台国际传播规划局高级编辑、处长

北京国际交往中心城市品牌战略研究

刘波

【摘要】 国际交往中心城市是现代全球化流动的产物,是一种新型世界体系的空间表达。北京国际交往中心城市品牌的建构要与城市功能定位相一致,在扩展全球网络连通性和增强全球资源配置独特能力的过程中创造城市特质和良好的品牌形象。纽约、伦敦等国际城市品牌战略的经验表明,北京国际交往中心城市品牌的塑造需要整合资源,加强顶层设计,搭建统一城市营销机构;以"四个中心"城市功能定位为导向,加强北京城市国际形象定位和设计;加强国际传播,打造全球文化信息交流与传播中心;推动城市品牌和企业品牌联动,发挥国际消费、国际会展等集聚规模辐射效应;通过交互式方法联结利益相关者,发挥社会组织在城市品牌塑造中的作用;积极参与多边事务与全球治理,提出代表全球城市未来发展方向的先进理念与创新性解决方案;用首都城市特有语汇讲好北京故事、中国故事。

【关键词】 北京;国际交往中心;功能建设;舆论环境

2013年12月,习近平总书记在十八届中央政治局第十二次集体学习时的讲话中谈道:"提高对外文化交流水平,完善人文交流机制,创新人文交流方式,综合运用大众传播、群体传播、人际传播等多种方式展示中华文化魅力。"[①]2014年2月,习近平总书记视察北京,提出北京"四个中心"[②]的城市战略新定位,北京国际交往中心作为"四个中心"之一,近年来注重加强顶层设计,强化资源统筹,国际交往日趋活跃,国际化服务不断完善,国际影响力持续

---

① 习近平. 习近平谈治国理政[M]. 北京:外文出版社,2014:161-162.
② "四个中心":政治中心、全国文化中心、国际科技创新中心、国际交往中心.

提升,中国特色大国外交核心承载地功能持续强化。"国际交往中心"作为北京"四个中心"核心功能之一,国际性是城市功能的最根本元素,而国际性标签的获得,一定程度上取决于城市品牌的外界知晓度。因此,如何建构北京城市独特的品牌形象,提高大国首都北京的国际美誉度和影响力,加强和改进国际传播能力的重要性尤为凸显。

一、城市品牌是国际交往中心城市的核心竞争力

城市的本质是不同个体在时间和空间维度的相互交流。第二次世界大战结束以来,在全球化和信息化的驱动下,各种发展要素在全球范围内高度流动,全球要素所形成的"流动空间"正在对传统固定地域的场所空间产生着巨大的重塑作用,深刻影响了城市在全球体系中的地位及彼此间的交往方式。[1] 国际交往中心城市作为一种城市新物种与新形态,是现代全球化流动的产物,是一种新型世界体系的空间表达。学界在研究"国际交往中心"这一议题时,大多基于城市在国际交往方面的国际影响力和辐射力。因此,"国际交往中心"是指那些在彼此连接的城市网络体系中居于"交往中心"的城市,以及国际高端元素聚集,且具有强大的辐射世界、服务全球的国际交往功能,在全球或地区发挥突出作用和影响力的城市。从国际交往中心城市的概念不难看出,北京打造国际交往中心城市,扩展全球网络连通性和增强全球资源配置独特功能,是一个城市品牌建设不断更新、城市影响力不断提升的过程。

科勒认为,城市品牌是关于一个城市的信念、观念和印象。[2] 品牌是一种无形资产,城市品牌是城市对外营销推广的灵魂。随着全球化的快速推进,城市化成为各国共同的经济社会发展主题,因此,彰显城市个性、突出竞争优势的城市品牌显得尤为重要。"在经济发展到相当程度时,城市和乡村也正在被开发成品牌。"[3] 城市的品牌折射出一个城市的魅力与吸引力,其核心问题是

---

[1] 张京祥等.全球化时代的城市大事件营销效应:基于空间生产视角 [J].人文地理,2013 (5):2.
[2] Kotler, P. Marketing Management: Analysis, Planning, Implementation and Control[M]. Upper Saddle River, NJ: Prentice-Hall International Inc.
[3] [英]莱斯利·德·彻纳东尼.品牌制胜——从品牌展望到品牌评估 [M].蔡晓煦,段瑶,徐蓉蓉等,译.北京:中信出版社,2002:13.

建构城市品牌识别。城市品牌识别系统的建构主要在于国际交流,在于表达城市的独特形象,提高城市的辨识度。近年来,随着国际城市多元化战略目标的发展,城市品牌并不仅仅用于城市营销,而是日益成为用于管理人们对一个城市的情感性认同或城市发展中的机遇、优势、重点、特色等看法,是凝聚人心和各种力量共建城市的治理策略。

城市品牌形象是国际交往中心城市的"身份证明",是城市对外交往的核心竞争力。城市品牌能够增强国际交往中心城市的集聚效应、交往规模效益和辐射效益。首先,从集聚效应来看,良好的城市品牌能够吸引国际组织入驻,更多的国际会展、国际会议和国际体育及国际节庆活动等都会在品牌形象好的地方举办。例如,巴黎是"世界浪漫之都"、罗马是"古典艺术之都"、维也纳是"音乐之都",这些城市形象突出,魅力十足,能够吸引更多的国际高度要素集聚、更多的国际会议在这些城市举办。固定的国际性节庆活动巴黎时装节、慕尼黑啤酒节、维也纳音乐节、柏林电影节,塑造出城市独特的品牌形象,集聚了跨国公司、国际组织等更多的国际高端元素。

其次,从交往的规模效益来看,良好的城市形象能够吸引国际流量,实现很多硬实力都无法完成的目标。城市因体验而存在,人流、物流和资金流倾向于流向城市品牌好的城市,尤其是国际游客能够带来巨大的国际交往流量。品牌良好的国际城市能够吸引其他区域的国际人才走进来,使得城市利益的相关者选择在城市投资、旅游、居住、工作或学习。例如,新加坡环境优美,空气清新湿润。这座"花园城市"城市品牌形象不仅吸引世界各地游客来访,增加了国际交往的流量,同时还吸引了国际人才来到新加坡工作、定居,奠定了城市经济实力,也开拓了在亚洲甚至全球的话语权。

最后,从辐射效益来看,优良的国际品牌能够带动城市及其周边区域共同发展。全球化下,城市竞争由单一向区域一体化方向发展,一体化的核心城市一般都拥有自己的独特品牌。

二、纽约等全球城市品牌建设经验

纽约、伦敦、东京等全球城市十分注重城市品牌的塑造,因此提升了它们在全球城市网络中的综合竞争实力和软实力,积累了一些值得学习的经验。

首先,设置专门机构,协调统筹城市形象的定位和推广。伦敦组织专门力量来推广城市品牌。伦敦城市品牌机构由市长办公室统一领导,该机构包括伦敦发展署、伦敦第一办公室、伦敦旅游局、伦敦投资局,以及伦敦东区、南区、西区发展分署等。在全球数字化背景下,纽约成立官方旅游及市场推广机构——纽约市旅游会展局,注重利用新技术进行纽约城市形象的传播和推广。在纽约"Love New York"的城市官方网站上嵌入谷歌街道景观地图,供游客方便查找。东京是政府主导力量推动城市营销的典型代表,国家战略是推动东京城市品牌塑造的关键主导力量,在国家政府部门的指导下,"Tokyo Old and New"城市形象打造的公司和政府间构筑起相互联系的网络,共同推进城市品牌建设。

其次,城市品牌形象塑造要与城市规划协同发展,尤其注重把财政、消费等城市经济社会发展政策与城市品牌形象重组捆绑。[①] 城市品牌影响力的提升过程,实际上是这座城市全面发展的过程,城市的全面发展推动城市品牌的提升,反过来,城市品牌度的提高又会促进和带动城市各项事业全面发展,二者相辅相成。[②] 城市品牌的成功塑造也有利于带动城市其他产业发展。例如,纽约城市品牌的建构不仅繁荣了纽约全球化经济的发展,也带动了相关产业的发展,全国各大新闻媒体愿意将此地作为它们的总部,媒体的宣传加强了纽约世界文化之都的形象。国际交往中心城市不同于一般的城市,必须要有多元化的目标函数,通过整合众多城市对外交往资源并使其得到优化配置来实现城市整体利益最大化,并非单纯地追求国际交往。对于城市品牌而言,纽约、东京等很多全球城市注重城市经济、社会、文化的协调发展。例如,纽约市成立全球城市战略小组,培育城市的综合性功能,尤其是在解决改善城市形象的投入增加与公共福利支出减少方面,以及城市形象与真实的二元化、精心包装的城市"神话"使城市失去自我等问题方面进行沟通,解决协同发展中的各项具体问题。2021年3月,伦敦市发布最新版伦敦规划,依据"改善所有伦敦人的健康和生活质量"的城市战略目标来规划城市的"美好增长"品牌愿景,措施包括建设强大和包容的社区、加强城市经济社会与对外传播的兼容性发展。

再次,注重发挥视觉形象在城市品牌塑造中的作用。城市品牌化的核心是建立城市识别系统,尤其是视觉感受。城市照明光彩夺目,具有无可比拟的

[①] Greenberg, M. Branding New York: How a City in Crisis was Sold to the World[M]. New York: Routledge, 2008.

[②] 张锐,张焱. 城市品牌:理论、方法与实践[M]. 北京:中国经济出版社,2007:79.

观赏性和广泛的社会基础。伦敦的红色双层巴士因为独特的颜色,成为城市文化的一部分,被称为英国的"国宝"。作为全球城市,1868年12月10日,伦敦成为第一个有红绿灯的城市,在其百年多城市发展过程中,城市照明以跨越性思维描绘出一幅灯光下人与城的文化意蕴和联结,与城市文化创意产业融为一体,很好地体现了城市的人文精神,助力城市品牌塑造。近年来,伦敦基于城市更新角度,注重城市照明规划建设,试图在数字城市建设背景下改变人们看待城市空间的眼光,增强人们对伦敦城市夜景的沉浸式体验感。伦敦市提出"河光闪耀"计划(Illuminated River),通过升级桥梁照明改善沿泰晤士河的行走体验,减少河流受到的光污染。更为重要的是,夜晚灯光将伦敦的城市形象充分展现在游客面前,使其良好的国际城市形象得到稳固提升。

最后,注重利益相关方的多重诉求,发挥非政府组织的力量来推进城市品牌塑造。国外城市的经验表明,一个城市的品牌塑造不宜采取政府主导的自上而下的方法,更多需要发挥非政府社会组织的力量来推进。只有让更多的利益相关方参与城市品牌的塑造,才能够最大程度和最大效率地提升城市品牌的影响力。纽约市尤其注重推动国际社会组织参与全球国际交往城市治理合作网络。国际社会组织和非营利性组织汇集公众广泛意见,既是国际交往的桥梁纽带,也对促进城市发展和提升城市国际影响力至关重要。目前,在联合国有"咨商地位"的非营利组织有4 361家,其中美国有703个,占绝对多数,而我国只有105家,仅是美国的1/7;纽约拥有1.6万家非营利性国际社会组织,这些国际社会组织聚焦大批全球高端专业人才,推动城市高端资源信息整合和流动,并与其他国家和城市的组织形成巨大跨国交往网络。纽约的国际社会组织立足于纽约全球卓越城市国际定位,既关心城市预算、发展规划等城市自身发展问题,也与其他国家社会组织建立合作伙伴关系,积极参与国际城市治理中的热点问题。例如,纽约全球城市合作伙伴的管理工作就是由一家名叫"纽约友好城市项目公司"的非营利组织运营。该组织2005年举办纽约"公共艺术战略"姐妹城市峰会,探讨全球化下城市如何应对艺术领域的系列挑战,包括北京、伦敦、东京等10多个纽约友好城市参与讨论。

三、北京国际交往中心城市品牌建构的路径

城市品牌的塑造是一个庞大而复杂的社会过程,城市国际交往是一个螺

旋式上升的动态发展过程,城市需求也因城市发展阶段的不同而各有侧重。随着我国日益走近世界舞台中央,在京举办主场外交、重大活动更加频繁,对我们提升文化软实力和对外影响力、塑造社会主义大国首都良好形象等提出了更高要求。

第一,整合资源,加强顶层设计,搭建统一的城市营销机构。2019年,党中央批准组建北京推进国际交往中心功能建设领导小组,市委书记担任组长,市委副书记、市长担任第一副组长,北京市、中央外办、外交部、国家发展改革委、商务部、文化和旅游部等部门有关负责同志任副组长。领导小组下设"一办十一组",统筹推进重点设施项目建设和服务能力提升,形成推进国际交往中心功能建设的组织框架。同样,北京城市品牌塑造,需要一个统筹协调机构。在北京推进国际交往中心功能建设领导小组下面单设城市品牌与形象工作小组,从战略上制定北京城市品牌塑造的规划,在具体涉及重大活动时,也可以起到协调各方、明确目标的作用。发挥政府主导推动作用,调动媒体界、企业界、学术界等主体力量,整合社会资源,协调各方机构,围绕北京城市国际形象定位打好"组合牌",形成"叠加效应"。

第二,以"四个中心"城市功能定位为导向,加强北京国际交往中心城市的形象定位和设计。城市品牌认同重点在于品牌精神,以及它所折射出的基本信仰和价值观。我们应统筹利用海内外媒体资源多种传播渠道,打造全球信息策源地,树立包容、开放、自信的北京城市形象和积极正面的社会主义大国首都形象;塑造与展示北京文化旅游形象,创新文化旅游服务方式与手段,围绕首都主场外交活动开发特色旅游产品,打造"北京旅游"品牌,强化首都国际旅游目的地形象;扶持、打造北京知名文化品牌,向海外大众推广以优秀民族文化为内核、与国际市场接轨的优质文化产品;打造国家大剧院、北京人艺、首都博物馆等文化品牌,使其成为面向世界的国家级文化展示窗口;突出科技在城市形象塑造中的作用,向国际社会展示北京国际科技创新中心的城市魅力;大力推进以科技创新为核心的全面创新,吸引跨国科技金融机构落户北京,推动国际科技合作基地建设,加强国际联合攻关和科研设施共享,全力打造连接全球创新网络、聚集全球创新资源的关键枢纽;做好"后冬奥"大文章,将冬奥遗产作为扩大国际交往和国际传播的重要窗口平台,积极对外传播奥林匹克精神和北京优秀的历史文化;加强冬奥城市国际交流,促进相关领域的互利共赢合作,探讨、制订冬奥城市发展规划。地标性建筑是城市的显性文化符号,要主推故宫等北京城市地标建筑,彰显大国首都整体风貌。

第三,加强国际传播,打造全球文化信息交流与传播中心。国际交往中心城市是流动的空间,在功能上需要更多的连接;在数据化时代,需要提升信息网络传输的节点地位;加快新型基础设施建设,应用新一代信息技术,打造全球信息中枢平台,实现高效的国际化信息服务;依托联合国创意与可持续发展中心,建立国际前沿创新知识信息库,发挥分享交流的国际平台功能,形成全球创新思想策源地,跻身全球创新网络中的枢纽行列;整合科研力量,建设国际一流的区块链新型研发机构,鼓励发起或参与区块链国际标准制修订工作,提升国际话语权和规则制定权;培育国际知名出版企业,为科技知识的生产和集聚提供产出服务平台,成为全球前沿技术和前沿基础科学知识的肇始地;借助新兴科技优势,利用5G领先技术,打造全球信息资源配置中心,发挥信息化驱动引领作用,促进国际生产要素的组合配置、整合利用,推动全球数字经济发展;实施"文化科技外交"战略,利用信息媒体平台推动国际交往,打造线上"虚拟国际交往中心",深化国际合作与互动;创新文化国际交流形式和传播手段,利用VR/AR、5G、物联网等数字技术手段实现文化资源活化,拓展新场景应用,综合展现北京城市魅力和融汇中外文明精华的创新成果,打造21世纪"文艺复兴之城",打造全球文化和传媒中心城市标杆形象。

第四,推动城市品牌和企业品牌联动,发挥国际消费、国际会展等集聚规模辐射效应。北京国际交往中心城市品牌建设,要注重实现城市品牌与城市经济发展相互促进;国际性服务、科技、消费和文化既是促进高质量发展和高品质生活的重要领域,也是实施城市品牌的实际载体和具体抓手。要加快建构北京国际消费品牌建设,加紧国际消费中心城市建设,持续推进十大专项行动;积极引进首店、旗舰店,打造一批具有国际影响力的消费地标;鼓励消费新业态、新模式发展,提升文化、体育、健康、养老等服务消费品质和规模;繁荣夜间经济。城市品牌与企业品牌密切相关,要培育推介北京"三大论坛"品牌,形成集聚效应;擦亮中国国际服务贸易交易会金字招牌,打造全球最具影响力的服务贸易展会;立足面向全球科技创新交流合作的国家级平台定位,高标准办好中关村论坛;高水平举办金融街论坛,提升服务全球金融治理能力。

第五,通过交互式方法连接利益相关者,充分发挥社会组织在城市品牌塑造中的作用,共同打造多元、立体的民间外交格局。发挥非政府组织、民间组织的创新性、灵活性,探索这些组织共同塑造城市品牌的新手段、新模式;鼓励和规范有国际交往能力的企业、社会组织、社会团体和公益组织,与其他国家民间团体开展对口交流合作,在城市交往过程中,拓展多领域务实合作项目,展现自身城市良好形象;针对青少年、华侨华人以及外国人等重点交往对象制定差异化发展策略,围绕加深城市友谊,打造具有针对性的民间交流项目;加强民间抗击疫情国际合作,开展线上防疫培训、经验分享和技术培训等"云抗疫"活动,创新后疫情期"云外事""云交往"工作方式,密切对外交流,提高民间合作实效性;深入开展"'一带一路'文化之旅""丝路一家亲""欢动北京""中日小大使"等民间外交活动,培育具有国际影响力的民间交流活动创新品牌;重视国际学术交流,设立国际学者互访项目,深入开展国际学术合作和技术交流;总结推广北京-首尔混委会、北京-雅典合作委员会等的友城工作经验,完善友城互访合作交流的长效合作机制,打造友好城市的经典品牌项目。[1]

第六,积极参与多边事务与全球治理,提出代表全球城市未来发展方向的先进理念与创新性解决方案。积极参与全球事务,有效获取全球城市网络体系中的核心地位和国际社会中的良好声誉;主动对接"城地组织"(UCLG)、城市气候领导联盟(C40)、"城市20"(U20)等多边组织平台,积极参与世界城市峰会等国际论坛,争取承担国际事务工作,在议题设置和成果制定上发挥建设性引领作用;加强与联合国人居署、联合国教科文组织、世界银行等国际组织合作,提升北京在全球城市治理方面的影响力;推动城市国际对话,争取国际制度话语权,打造开放、共赢的城市间合作平台,促进全球城市治理朝着合理、公正、公平、包容方向发展;加强国际城市治理的合作交流,推动建构新型国际公共卫生治理体系,构筑公共卫生全球战线;加强城市国际移民服务和管理,形成规范的国际移民服务管理机制,建立完备的国际移民管理体系。积极参与全球气候谈判,加强与发展中国家城市合作,提升应对气候变化的能力建设,共同维护发展权益;围绕反恐防恐、打击跨国城市犯罪和城市难民治理等,拓宽合作领域、丰富合作内容,推动搭建国际城市高端合作平台,建立多领域国际城市合作机制,推动国际城市交往深入发展。

第七,用首都城市特有语汇讲好北京故事、中国故事。纽约等全球城市品

---

[1] 刘波. 北京国际交往中心发展报告(2021—2022)[M]. 北京:社会科学文献出版社,2022:41.

牌塑造的经验表明,一个城市的品牌有赖于如何用世界通俗的语言传播好自身的形象。北京城市品牌形象,要立足城市国际交往大格局,落实国际交往新使命,向世界唱响社会主义大国首都的声音。加强国际话语能力建设,运用好互联网、大数据、云计算、移动传播等新技术手段,提升"北京声音"的国际影响力。做强《北京周报》、*That's Beijing*等外宣平台,适应国际受众接受习惯,通过分众传播、定向传播讲好北京故事,实现更具针对性、有效性的国际传播。提高政府涉外信息的传播技巧,营造共情语境,赢得国际社会理解和认同。推动社交媒体平台走向国际化,深入推动抖音、微信等平台,加深与各国民众积极友好的交流互动。借助第三方力量发声,通过驻京外国媒体、国际组织、国际群体讲述新时代首都发展故事,提升对外传播效果。制订实施后疫情期对外宣传的重点和传播方案,树立安全有序、扩大开放的国际城市形象。

刘波系北京市社会科学院国际问题研究所所长、研究员、博士

大数据视野下北京城市形象的他塑与自塑

张睿　王荣

【摘要】随着中国经济的持续发展，国际影响力日益提高，打造与之相匹配的国际传播能力显得尤为迫切。在这一过程中，城市形象传播是不可或缺的一环，其中，作为国家最高政权机关所在地的首都，形象建构尤为重要。本文选取2021年国际主流媒体有关北京的新闻报道和评论文章，以框架理论为基础，采取量化分析法和对比分析法，解析外媒建构出的北京城市形象，并将之与北京市政府对自身的定位进行对比，分析北京城市形象他塑与自塑的差异，借此为北京城市形象的国际传播提出针对性建议，致力于通过自塑和他塑的合力，建构良好的北京城市形象，为打造可信、可爱、可敬的中国形象添砖加瓦。

【关键词】城市形象；国际传播；框架理论

2021年5月31日，十九届中央政治局就加强我国国际传播能力建设进行第三十次集体学习。中共中央总书记习近平在主持学习时强调：讲好中国故事，传播好中国声音，展示真实、立体、全面的中国是加强我国国际传播能力建设的重要任务。在这一过程中，城市作为国家的有机组成部分，在促进中国国家形象传播、塑造"可信、可爱、可敬"的中国国际形象方面至关重要。积极的城市形象能够为国家形象的塑造创造有利条件，促进中国形象的整体提升。

城市形象不仅表达城市本身特色，还是国家形象的组成部分，对国家形象的建构具有具象功能。目前，学界相关研究主要从传播学、外交学和历史文化等研究视角出发，对城市国际形象的内涵外延展开分析，呈现出研究方法多样化、研究角度多元化的特点。但整体来看，国内研究仍以定性研究和纵向研究为主，通过大数据量化分析，对城市形象他塑与自塑进行对比性研究的相对较少。

城市的国际形象是一种跨文化传播和形象建构，在这一过程中，不同的地域、语言、历史、宗教信仰等因素很容易造成文化误读和文化冲突,进而影响传播效果和质量。因此,在城市国际形象研究中了解我眼中的"我",洞悉别人眼中的"我",进而对比分析这两个"我"的异同,对提高城市形象传播效果有着重要的实践意义。

美国著名社会心理学家约瑟夫·勒夫特(Joseph Luft)和哈林顿·英格拉姆(Harrington Ingram)在20世纪50年代提出"约哈里窗户"理论,展示了人际交往中自我认知与他人对自己认知之间的差异。鉴于跨文化传播关注的是具体语境中人与人之间或群体之间的交流互动,因此本文引入"约哈里窗户"理论对国际舆论中的北京和北京自己眼中的北京进行对比分析,从"他塑"中反观北京的国际城市形象"自塑"的成功之处,以及城市形象建构过程中忽视、缺失的部分,并在此基础上就北京如何更有效地进行国际形象"自塑"提出建议。

在数据选择方面,当前国际舆论环境仍以英文国际媒体为主,这可能是未来几十年改变不了的现实[①]。在这一形势下,英文国际媒体,尤其是西方国家主流媒体的报道,对塑造我国城市形象起着重要的"他塑"作用。本文以2021年1月1日至12月31日境外媒体有关北京(Beijing)的报道为研究对象,量化分析境外媒体有关北京的报道内容、报道主题和报道信源,勾勒出"他者"涉北京报道的叙事框架。

与"他者"相对的概念就是"自我"。本文结合《2021年北京市政府工作报告》和《北京城市总体规划(2016年—2035年)》,从中分析北京市对自身城市形象的"自我"认知和未来规划。

一、态势与特点

(一)在报道数量方面:北京受关注度逐年提高,但与老牌国际都市相比仍有差距

"双奥之城"是北京的一张独有、闪亮的名片,从2008年的夏季奥运会,再到2022年的冬季奥运会,北京的城市发展和奥运筹办同频共振,北京的国际影响力和城市竞争力也随着两届奥运会的举办得到不断提升。为了深入研究"双奥之城"对北京国际形象的影响,更为直观地体现外媒对北京关注度

---

① 龚炯.国际舆论场"中国声音"须强起来[N].环球时报,2020-04-28.

的历史变迁,笔者以 2008 年北京夏季奥运会举办为起点,收集、比较 2008 年至 2021 年外媒涉北京报道的数量变化。

如图 1 所示,2008—2021 年,北京的海外热议度呈逐年递增趋势。其中,在 2008 年和 2020 年上升幅度较大。返回文本分析显示,这一变化主要是因为抗击新冠肺炎疫情和北京冬奥会受到国际社会的高度关注。

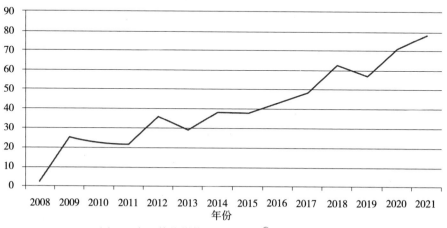

图 1　全网传统媒体北京提及量①(单位:万篇)

从图 2 可以看出,2021 年全年,全网范围内海外媒体涉北京报道逾 78.7 万篇,超过华盛顿、上海,但与伦敦、巴黎等老牌国际都市相比,仍有一定差距。

(二)在报道议题方面:北京首都中心功能形象日渐清晰

基于上述 14 年的海外媒体数据,笔者采用文本位置估计模型把时间概念引入分析可以看出外媒眼中北京的城市形象随着时间推移的变化趋势。文本位置估计模型是一种基于词频和词语共现关系的主题聚类算法,如

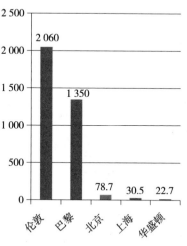

图 2　2021 年海外媒体城市提及量②(单位:万篇)

---

① 融文全球媒体数据库。
② 同上。

图3所示,横坐标是时间轴,纵坐标是文本位置。经过计算匹配我们发现,北京的国际形象随着时间推移呈现出从集中到离散的趋势。其中,2015年是重要临界点。在2015年以前,北京的城市形象尚不鲜明,在实线中心轴左右两边震荡,表明外媒对北京的理解较为模糊。2015年以后,外媒报道的文本位置逐渐向着箭头所指的方向扩散,这表明外媒越来越倾向于清晰定位北京的城市形象。也就是说,随着时间的推移,北京的国际形象定位逐渐有了较为清晰的轮廓。

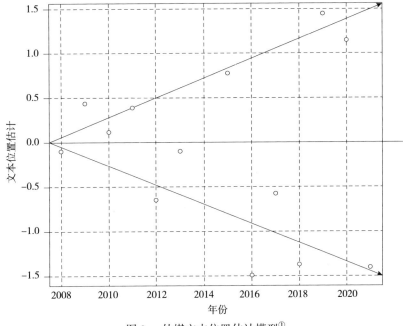

图3　外媒文本位置估计模型[①]

为了更进一步研究外媒历年涉北京报道的内容变迁,笔者分别聚合了每一年海外报道北京的关键词(见图4),从中可以看出以下几点态势:

1. 2008年北京奥运会(Olympics、games)是外媒关注重点,其中政府(Chinese government)行为最受关注。在奥运会推高外媒关注度后,人民(people)在2009年首次成为海外媒体报道中心。

2. 2010—2013年,虽然北京奥运会影响犹在,但中美、中韩、中朝、中日等国家关系成为外媒涉华报道重点。这一阶段,北京在海外媒体眼中成为中国政府代名词,其作为一个城市的独特身份有所模糊。

---

① 融文全球媒体数据库。

3. 2014—2016年，随着中国综合国力的不断增强，中国内政外交问题愈发受到外媒关注。在这一背景下，外媒在报道中仍频繁地以北京代指中国政府。但值得注意的是，2015年，城市（city）首次成为次中心词，海外媒体开始大量关注北京作为一个国际化都市的独特魅力。

4. 2017—2019年，中美贸易摩擦持续升级，北京的一举一动都受到外媒高度关注。同时，北京作为国际化都市的特色一面也日渐凸显，海外媒体开始从城市建设、文化传承、年轻人的都市生活等多种角度向外展示外媒眼中的北京。

5. 2020年，新冠肺炎疫情成为外媒报道北京的中心词汇，人民和城市成为中心词和次中心词。分析显示，外媒在这两年的报道中，一方面，聚焦中国和北京市政府防疫举措；另一方面，也关注疫情对民众的影响。

6. 2021年，北京冬奥会（Olympic）受关注度明显上升，同时新冠疫情（COVID-19）仍占据外媒报道次中心地位。与此同时，中国（China）成为中心词，相关报道内容涉及北京冬奥会、"新冠"疫苗等议题，凸显了北京作为中国国家形象代表的角色。

综上所述，可以看出外媒眼中共有两个城市形象，即作为中国代表的首都北京和具有独特魅力的国际城市北京，其中，后者形象日渐鲜明。"北京"从中国政府的代名词逐渐丰富成为中国的代表和国际大都市相结合的立体形象。

年度	中心词		次中心词		
2008	Olympics	games	Team Canada		government
2009	government	people	U.S.	world	economic
2010	U.S.	people	Google	South Korea	economic
2011	U.S.	people	world	Washington	
2012	economic	people	U.S.	Olympics	
2013	government	percent	Japan	South Korea	
2014	people	Hong Kong	plan	government	
2015	government	U.S.	South China Sea		city
2016	Trump	South China Sea		Taiwan	
2017	economic	Trump	South Korea	South China Sea	
2018	tariffs	Trade War	Trump	Washington	City
2019	Trade War	U.S.	city	talks	deal
2020	government	people	COVID-19	city	
2021	China	internal	Olympics	COVID-19	new

图4 外媒历年涉北京报道中心词[①]

---

① 融文全球媒体数据库。

（三）在信源选择方面：倾向性明显，更多使用西方而非中国信源

在传播学理论中，信息传播主要包括四种基本要素：信源（传播者）、信息、传播媒介、信宿（受众）。在这构成信息传播活动主题的四大要素中，信源是信息传播活动的发起者，是信息的第一发布者。美国社会学家盖伊·塔奇曼认为，新闻是对现实进行"建构"和"选择"的产物[①]。因此在新闻报道中，信源的选择在一定程度上代表和体现了媒体与编辑的立场和喜好。

在外媒 2021 年涉北京报道中，提及中央主要媒体共 7 万余频次，数量较美国媒体 17 万多的提及频次相差较多（见表 1）。由此可见，在境外媒体有关北京的报道中，在信源选择方面表现出较为明显的倾向性，即更多地使用美国媒体信源，而非中国媒体。

表 1　外媒涉北京报道中提及中国和美国的媒体数量对比[②]　（单位：次）

中国媒体	提及量	美国媒体	提及量
《人民日报》	4 688	《华盛顿邮报》	7 366
新华社	45 237	美联社	122 750
《中国日报》	6 865	《纽约时报》	11 694
中国国际电视台	16 534	美国有线电视新闻网	25 810
中国国际广播电台	557	美国国家公共广播电台	3 218
总量	73 881	总量	170 838

二、框架与议题

（一）外媒涉北京报道框架分析

基于社会网络分析的研究思路，笔者提取 2021 年外媒涉北京报道的核心词，并对词语关系进行分析，得出图 5。其中，词与词之间的距离越近，则共现频率越高，可从中聚合、分析文本重点关注话题。同时，词与词之间的连线代表两词之间的相互关系，连线越多的节点词，在文本中的重要性越大。

对高频词及其关系的分析勾勒出外媒涉北京报道的大概轮廓，再通过有针对性地研读样本文本，可提炼出西方媒体眼中的北京，即北京市作为全国政

---

① Gaye Tuchman. Telling Stories[J]. Journal of Communication，1976，26（4）：93-97.
② 融文全球媒体数据库。

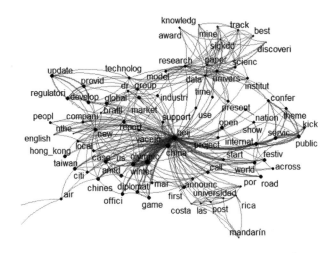

图 5　2021 年北京市海外报道高频词共现关系图①

治中心、文化中心、国际交往中心、科技创新中心的核心功能定位清晰明确,形成了较为稳定的城市形象。综合来看,可以分为以下三大框架。

1. 国家形象的代表者

北京作为中国政治中心,外媒高度关注其作为首都的内政管理功能。如图 5 左下角区域所示,外媒颇为关注"香港"(Hong Kong)和"台湾"(Taiwan)相关议题,这一话题下提及的"北京"是作为国家政府形象出现的,展现出首都北京的政治角色。与此同时,北京的国际交往中心功能也得到充分展现,在北京召开的重大会议和重要活动、发布的重要政策政令,尤其是"北京冬奥会"(winter、Olympic、game)获得海外媒体高度关注,此外"世界"(world)"国际"(international)等词也被频繁提及。

2. 创新发展的先行者

北京作为中国的首都,在经济发展、科技进步等层面起到带头示范作用。在这一框架下,北京被描述为走在中国各城市创新发展的前列,如图 5 左部分区域所示,外媒通常详细介绍北京采取的各项措施,较多使用"科技"(technology)"研究"(research)"发展"(develop)等短语,体现北京在探索新产业发展等领域的引领作用。除了科技发展外,外媒还较为关注北京文化产业发展情况,如图右部分所示的"演出"(show),从人文角度展示北京独特的城市魅力。

① 融文全球媒体数据库。

3.人民利益的捍卫者

虽然外媒涉华新冠疫情报道整体被置于政治框架下,如借疫情质疑中国政治体制、无端质疑中国本土疫苗有效性等,但在有关北京新冠肺炎疫情情况和政府应对措施的报道中,如图5中心区域所示,"疫苗"(vaccine)推进情况受到外媒关注。文本分析显示,部分外媒在有关北京的疫情报道中发出了较为客观的声音,较多引用北京市新冠肺炎疫情防控工作新闻发布会信息,展现北京公开透明立场,凸显北京坚持安全底线、改善市民生活品质的形象。

(二)外媒报道框架下的北京议题

结合上述报道框架和精准数据,2021年,外媒涉北京报道重点呈现出北京政治中心、经济科技发展中心以及宜居城市3个方面的形象,具体如下:

1.2022年北京冬奥会极大地提升了北京国际曝光度,彰显国家形象

北京作为第24届冬奥会的举办地,在外媒报道中作为背景信息大量出现,极大地提升了外媒涉北京的关注度。外媒在全球新冠疫情蔓延的大背景下,关注北京冬奥会场馆建设、预选赛情况以及相关的疫情防控工作等多为客观报道,展现北京冬奥会筹备工作有序开展。例如,美联社[①]称,2022年北京冬季奥运会的组织者开始为曲棍球和其他室内场地进行为期10天的测试。国家体育馆场馆运行团队媒体副主任潘忠明表示,中国举办高水平的冰上曲棍球比赛经验有限,这次测试赛提供了一个机会,使其在设施管理和运动员服务方面达到奥运标准。一些外媒使用"国家形象的代表者"框架,认为北京能够顺利举办冬奥会是中国国家实力的象征。例如,外媒认为,继成功举办2008年夏奥会后,2022年举办冬奥会充分展示了中国的经济实力,并对北京冬奥会开幕式表示期待。如美国《纽约时报》[②]表示,最近的东京夏季奥运会基本禁止观众进入比赛场地,但北京的比赛场馆将允许一定比例的观众进入。

2.关注北京"新"经济、科技进展

在"城市创新发展的先行者"框架下,外媒较多关注北京的经济、科技新

---

① Beijing begins to test venues for 2022 Winter Olympics[M/OL]. Associated Press,2021[2021-04-01]. https://apnews.com/article/skating-winter-olympics-curling-mens-hockey-beijing-8e4a55d8628ee87adfad037b88f50680.

② Andrew Keh. China Plans "Closed-Loop" Bubble for Winter Olympics[N/OL]. The New York Times, 2021-09-29. https://www.nytimes.com/2021/09/29/sports/olympics/winter-olympics-beijing-restrictions.html?_ga=2.148438775.1797728494.1659060071-1351262400.1659060071.

进展,表明北京在贯彻新发展理念,实现高质量发展方面取得了成绩。包括探索发展资本市场,北京证券交易所就是典型案例,外媒纷纷在报道中分析北交所设立的意义和作用。例如,英国《金融时报》①称,中国将在北京设立一个新的证券交易所,作为尝试深化中小企业及中国资本市场发展的一部分。这也标志着中国长期以来在发展在岸资本市场方面的最新努力。关注新兴产业发展,北京作为数字人民币试点,境外媒体关注其在研发、推广等层面作出的努力,例如,香港《南华早报》②称,北京和苏州本周将总计发行4 000万元数字货币,以期在即将到来的农历新年假期期间增加消费。据称,根据政府通知,北京将在周三通过抽奖活动分发价值1 000万元的数字红包,每组价值200元,供在线和离线使用。关注新科技应用,在外媒涉北京冬奥会报道中,"科技冬奥"是重点议题之一,外媒关注人工智能等新科技的应用,例如,法新社称,第一条允许无人驾驶列车达到每小时350公里的铁路线,将位于北京西北约180公里的城市张家口与其他两个奥运中心连接起来。

3. 关注北京社会治理和文化生活

社会民生议题也是外媒涉北京报道的重要议题之一,新冠疫情、教育、文娱活动、环境治理等均得到外媒一定关注。在此类报道中,外媒较多使用"人民利益"框架,关注官方渠道发布的信息,展现政府满足民众需求、维护民众利益的形象。以外媒涉北京新冠肺炎疫情报道为例,外媒密切关注北京市疫情形势及应对举措,特别是北京市政府、卫健委等官方机构发布的信息,及时跟进最新的防疫政策和相关手段。外媒对于官方言论的援引客观展现了北京在维护市民安全与利益方面的行动与态度,凸显出北京的人文关怀。

(三)北京形象的"自塑"

《2021年北京市政府工作报告》③和《北京城市总体规划(2016—2030

---

① Edward White, Eleanor Olcott, Hudson Lockett, "China to create new stock exchange for SMEs in Beijing", Financial Times, 2021.9.2, https://www.ft.com/content/0d358d5b-a2a6-4202-b260-000ad5008c83.

② Andrew Mullen, "China digital currency: Beijing, Suzhou confirm latest trials as e-yuan tests top 100 million yuan", South China Morning Post, 2021.9.8, https://www.scmp.com/economy/china-economy/article/3120955/china-digital-currency-beijing-suzhou-confirm-latest-trials-e-.

③ 2021年北京政府工作报告[R]. [2021-04-12]. http://www.beijing.gov.cn/zhengce/zcjd/202104/t20210402_2343627.html.

年)》①(以下简称《规划》)均明确了北京城市发展的重点工作任务(见表2)。《规划》中重点阐述了北京的未来战略定位为"政治中心、文化中心、国际交往中心、科技创新中心"四大中心,有助于外界了解北京未来城市发展方向。

表2 北京城市发展的重点工作任务

序号	《2021年北京市政府工作报告》	《北京城市总体规划(2016年—2030年)》
1	强化创新核心地位,加快建设国际科技创新中心	落实首都城市战略定位,明确发展目标、规模和空间布局
2	高标准推进"两区"建设,推动改革开放取得新进展	有序疏解非首都功能,优化提升首都功能
3	大力发展数字经济,构筑高质量发展新优势	科学配置资源要素,实现城市可持续发展
4	坚持有序疏解非首都功能,提升京津冀协同发展水平	加强历史文化名城保护,强化首都风范、古都风韵、时代风貌的城市特色
5	深入落实城市总体规划,切实提高城市精细化管理水平	提高城市治理水平,让城市更宜居
6	全面推进乡村振兴,加快农业农村现代化	加强城乡统筹,实现城乡发展一体化
7	进一步坚定文化自信,做好首都文化这篇大文章	深入推进京津冀协同发展,建设以首都为核心的世界级城市群
8	持续改善生活品质,让人民群众更好地共享发展成果	转变规划方式,保障规划实施
9	牢牢守住安全发展底线,确保首都和谐稳定	
10	持之以恒加强政府自身建设,全面提升政府服务能力和水平	

综合上述工作报告与规划文件,北京对自己城市形象的定位可以划分为5个维度:

1. 政治形象

在首都城市战略定位下,北京持续优化提升首都功能,特别是展现全国政治中心、国际交往中心形象。例如,北京圆满完成新中国成立70周年庆祝活动、顺利召开全国"两会"、按时举办北京冬奥会和冬残奥会等。作为此类重要性会议、活动的发生地,北京的政治功能得以凸显,是中国国家形象的重要组成部分。

---

① 北京城市总体规划(2016年—2030年)[2020-01-12]. http://ghzrzyw.beijing.gov.cn/zhengwuxinxi/zxzt/bjcsztgh 20162035/202001/t20200102_1554613.html.

2. 经济形象

2023年北京市人民政府工作报告显示，北京在地区生产总值、营商环境改善等方面取得了显著进展，特别是在推动经济高质量发展上表现亮眼，高技术产业和战略性新兴产业稳步发展。可以看出，北京将持续推进高水平制度型开放，努力打造科技创新中心形象，构建现代化经济体系，展现自身在推动地区和全国经济发展方面的引领作用。

3. 文化形象

北京正充分挖掘自身悠久的历史文化遗产。例如，推动中轴线文化遗产保护立法、持续开展老城胡同和四合院保护利用工作、加快"三山五园"国家文物保护利用示范区建设等。北京深厚的文化资源、丰富的文化展示平台，有助于其不断提升文化竞争力、传播力和影响力。

4. 社会形象

北京稳步打造高品质宜居城市。一方面，受新冠肺炎疫情影响，北京将疫情防控放在重要位置，不断健全公共卫生应急管理体系建设；另一方面，建立健全公共服务体系，包括改善就业、医疗、养老等民生问题，丰富文娱休闲活动，推行减轻学生校外培训负担等措施，着力增强市民安全感、幸福感，呈现北京本地化、生活化和娱乐化的城市形象。

5. 生态形象

北京大力推动生态环境治理，在水污染、空气污染等领域均取得显著进展，绿色发展水平也在不断提升，低碳发展更加成熟，政府工作报告显示，北京森林覆盖率达44.4%，细颗粒物年均浓度累计下降53%，进入"3时代"。在未来规划中，生态环境保护也是北京市工作的重点任务，进一步向国内外受众展现绿色北京形象。

（四）北京形象"他塑"与"自塑"对比

美国著名社会心理学家约瑟夫·勒夫特和哈林顿·英格拉姆在20世纪50年代提出"约哈里窗户"理论，展示了人际交往中自我认知与他人对自己认知之间的差异，并将之分为四个范畴：开放我（自己和他人都了解的自己）、盲目我（他人了解但自己不了解的自己）、隐藏我（他人不了解但自己了解的自己）、未知我（他人和自己都不了解的自己）。（见图6）

结合"约哈里窗户"理论与外媒涉北京报道的主要框架和重点议题，对

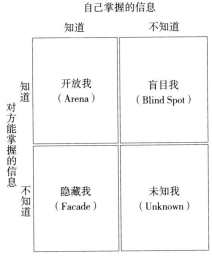

图6 约哈里窗户理论概述图

比发现,涉北京政治、经济及社会形象可归结为"开放我"区域。如表3所示,对于"开放我"的认同和了解使得外媒报道与北京的自我呈现相对一致,二者均展现出北京政治重要、经济发展、注重民生的形象,"他塑"与"自塑"的形象较为吻合。

表3 境外媒体北京报道框架分析与北京自身定位对比

外媒眼中的北京	北京自身定位
国家形象的代表者	政治中心 国际交往中心
创新发展的先行者	国际科技创新中心 现代化经济体系
人民利益的捍卫者	高品质宜居城市

与之相比较,北京自身定位中的"文化形象"和"生态形象"并未得到外媒展现,进入"隐藏我"区域,由于外界对"隐藏我"的不了解,导致这方面的形象较为模糊,甚至与自身定位存在一定偏差。

在"文化形象"方面,外媒关注度较低,对北京的胡同文化、中轴线、首钢园和大运河等具有鲜明首都特色的城市文化元素提及较低。在"生态形象"方面,外媒的报道与北京自身定位的偏差更为明显。虽然近年来北京在提高污水处理率、降低煤炭消费量、打造森林城市等生态文明建设方面取得显著进展，但外媒对这两个领域的关注度较低，在生态环境层面还存在一定的"误读"，部分声音借沙尘暴、雾霾等环境问题质疑北京的生态治理成效。例如，《纽约时报》[1]在报道 2021 年 3 月份的严重沙尘暴时，使用了"空气末日"等负面词汇唤起受众对北京恶劣天气的记忆。综上可以看出，外媒眼中的北京更多是政治、经济和社会层面的形象，在文化和生态环境上较为单薄，"他塑"中的北京形象有待进一步丰富和完善。

三、思考和建议

（一）聚焦政治功能，巩固国家形象代表者"硬"形象

从数据可以看出，海外对北京的报道是绕不开政治性的主题的，会越发凸显政治中心和国际交往中心的定位，这对建构北京的国际形象，既是优势也是挑战，呈现出既"清晰"又"模糊"的特点。

"清晰"体现在外媒直接将北京等同于中国，虽然关注度高，但基于意识形态的政治性解读是必然的。"模糊"则主要表现在两个方面：一是叙事框架单一，外媒不会考虑北京城市具体实际，也难以跨文化、跨语言地理解，二是关注议题单一，外媒炒作涉华新闻常围绕特定议题感兴趣，并不能全面反映真实的中国和北京，非常片面化，意识形态味道浓厚。

基于此，一方面，应加强议题设置能力，进一步丰满北京的政治、对外交往形象，彰显北京的政治引领作用；另一方面，提高发声针对性和时效性，针对外媒的泛政治化炒作和不实言论，勇于发声，敢于批驳，坚决维护北京和中国的形象。

（二）兼顾科技文化，巧妙打造古今交融的"软"形象

数据分析显示，海外对北京文化等软实力关注度有限。即便有，部分网民对北京的印象还停留在胡同、四合院这些传统元素，并不了解现代北京；外媒也选择性地弱化北京市的城市形象，习惯用政治框架讲述北京故事。

因此，我们既要搭建以北京民生温情、市民乐观向上为主基调的报道框

---

[1] Steven Lee Myers. A Sandstorm in China Revives Memories of "Airpocalypses" Past[N/OL]. The New York Times，2021-03-15. https://www.nytimes.com/2021/03/15/world/asia/china-sandstorm.html?_ga=2.195337196.1154600337.1650437912-1434855356.1620805092.

架,用生动的故事和文字向世界呈现北京是生活温情的一个城市——既有"胡同北京",也有"高速发展的现代化北京",既有古都文化,也有科技创新的新兴企业,既有时尚又有传统,体现多元、立体、丰富的特色,也要挖掘多种传播手段,共同发声、相互呼应。一方面,做好北京故事的视觉传达,打造一批以北京为背景的电影电视作品;另一方面,以活动带动传播,充分利用北京电影节、艺术节等文艺平台,积极设置"北京文化"系列话题,持续传递"京味儿文化"精髓,打造北京的独特气质。

(三)讲述人的故事,树立中西方共鸣的独特城市标签

做好城市形象传播,首先要做的,就是给城市贴标签。伦敦和巴黎就是很好的例子,伦敦有"金融中心""绅士""贵族",甚至是"雾都""美食荒漠"这样的标签;巴黎更是"浪漫"和"时尚"的代名词,这些标签都来自城市的独特故事,是生活在城市中的人的故事。

那么,讲好北京故事,讲述北京特有的故事,讲述北京特有的人的故事,就显得至关重要。北京的历史、文化、建筑,以及住在这里的人,都是独属于这座城市的故事。这些要素都是具有北京特色的标签。类似的独特不胜枚举,如饮食、旅游、时尚,还有北京梦想。

如何讲好北京特色故事,首先应当找准与目标受众的话语共同点、情感共鸣点和利益交汇点。例如,在北京冬奥会期间,外媒就对中国民众浓厚的奥运氛围印象深刻,在这基础上,可以着力展现北京市民对滑冰等冰雪运动的喜爱,以展现北京丰富的文娱活动和人文气息。

(四)紧扣环保目标,大力输出北京生态治理绿色形象

分析显示,当前,海外对北京的生态环境存在一定误解,报道倾向较为负面。例如,关注北京出现的沙尘暴、雾霾等环境污染问题,有关北京环境治理措施的声音较少,给打造绿色北京形象造成一定阻碍。

因此,应加大涉生态环境领域话题的输出力度,增强信息供给力度。作为全人类共同关切的话题,尤其是当前世界范围内极端天气加剧的背景下,应以"人类命运共同体"理念为主导,结合国家碳中和目标,展现北京在环境治理方面的有益探索,扭转国际受众对北京环境的刻板印象。

还可充分挖掘北京丰富的森林公园、湿地公园等绿色资源,这些公园不仅

为北京增添了生态底色，也为广大市民拓展了休闲空间。加强对绿地空间的对外报道，既可以作为展现绿色北京的有力实践，也是北京打造高品质宜居城市的生动写照。

张睿系中国日报社国际传播发展研究中心首席舆情分析师；王荣系中国日报社国际传播发展研究中心首席数据分析师

超越政治化符号
——影视剧在非洲如何传播北京的城市形象

胡钰　李亚东

【摘要】 当下,在西方媒体主导的国际新闻传播领域北京很多时候被剥离文化内涵,成为了代表中国的政治符号,城市形象常被政治、人权、环境等负面议题覆盖。为了解决北京国际形象传播中面临的城市形象被政治符号化主导的问题,本文提出一种从新闻传播转变为文化传播的理念。影视剧作为当代最重要的文化形态之一,加之北京的影视剧在非洲广泛传播,具有独特的市场地位,因此,影视剧可以作为北京形象在非洲传播的重要载体。北京影视剧在非洲的传播,已经初步体现了非意识形态、非政府主体、非西方中心的文化内容在非洲蕴藏的巨大力量,建构了北京形象国际传播的新格局。

【关键词】 北京;城市形象;影视剧;非洲

1793年,英国的马戛尔尼使团访华并觐见乾隆皇帝后,使团成员之一的约翰·巴罗(John Barrow)在他出版的《中国行记》一书的开头写了一句玩笑话,"It is the lot few to go to Pekin",意思是"没多少人去过北京"。[①]

现在看来,这句漫不经心的玩笑话仿佛成为了北京国际形象的一个缩影。一方面,来过中国去过北京的外国人总是有限的,大部分外国民众不可避免地需要借助各种媒介了解北京,从小说游记到报纸杂志,从电影、电视到社交媒体,这些媒介成为了塑造北京国际形象的强大力量,但在很多情况下,媒介中

---

① Barrow, John., Travels in China: Containing Descriptions, Observations, and Comparisons, Made and Collected in the Course of a Short Residence at the Imperial Palace of Yuen-min-yuen, and on a Subsequent Journey Through the Country from Pekin to Canton, WF M'Laughlin, 1805, pp.1-2.

的北京并不能完全代表北京的全部；另一方面，约翰·巴罗写作的书名叫《中国行记》，他完全可以说，"没多少人去过中国"，但他却用北京作为叙述的主体，这仿佛预言了200多年后，无数的媒介以"北京"之名指代"中国"，建构了一个抽离城市、突出首都的形象，北京的国际形象在很多媒介中成为了国家政治的象征。

2017年，北京发布了《北京城市总体规划（2016年-2035年）》（以下简称《规划》），这一规划将北京定位为全国政治中心、文化中心、国际交往中心、科技创新中心，《规划》中同时提到，北京与其他城市最大的不同就在"首都"二字。那么，为了处理好"首都"与"城市"的关系，突破海外媒介中抽象的单一政治形象，北京需要从关注单一新闻传播逐步转变为重视多元文化传播，形成一个集政治、文化、国际交往、科技创新为一体的国际形象。在这个过程中，考虑到北京影视剧这一文化产品在非洲传播的良好基础和独特地位，本文将北京影视剧在非洲的传播现象作为一个典型案例，讨论基于影视剧的文化传播如何能打破在以新闻传播为主的平台中的偏见，从而在非洲呈现一个更真实、饱满的北京形象。

一、北京的国际形象

作为一个历史文化名城，北京在近代历史上是重要的中外交流窗口，因此北京的形象很早就出现在各种媒介载体中。18世纪的英国旅行文学作品中有大量关于北京的描述，相关作品最初主要是对北京乌托邦式的赞美，而以18世纪为界，英国旅行文学中的北京出现了从乌托邦到反乌托邦的逆转，如丹尼尔·笛福曾通过《鲁滨孙漂流续集》对北京进行了虚构和贬低。[①]

可见从那时起，媒介对一个城市形象的影响并不都来自对它的真实记录，但确是一种塑造城市形象的巨大力量，并且一定程度上影响了后来欧洲各国与中国的贸易和鸦片战争的发生。到了19世纪60年代，北京的国际形象又经历了一次明显的断裂和重塑，这是因为在第二次鸦片战争发生后，来到中国记录北京的人群由遵规守矩的观察者到无所顾忌的侵略者。[②]

---

① 田俊武. 18世纪英国旅行文学中的北京：从乌托邦到反乌托邦的逆转 [J]. 广东外语外贸大学学报，2021（5）：64-75.
② 周增光. 十九世纪六十年代北京国际形象的断裂与重塑 [J]. 北京社会科学，2018（6）：85-94.

现代意义上的"城市形象"的概念是由凯文·林奇首次提出的,他认为:"城市与建筑一样,都是空间结构,但尺度巨大,需要有很长的时间跨度使人们感受。"但实际上,亲身体验每一座城市的风貌确是一件困难的事情,很多情况下人们只能从各种媒介中了解自己未曾到达的城市的信息。① 也有学者认为,城市形象是多种因素共同作用的结果,其中大众传媒是重要因素之一。②

到了二战后,北京国际形象的特殊之处在于北京作为一座城市和中国首都的双重身份。诸如BBC、CNN等西方媒体在报道中国相关的新闻时,经常用北京代指中国或者中国政府。在相关新闻报道的语料中,北京被逐步剥离了其他内涵,成为代表中国的政治符号。③ 对《泰晤士报》④《明镜》周刊⑤、《费加罗报》⑥的研究显示,将北京作为指代中国的政治符号时,相关媒体倾向于以较为负面的框架报道和中国相关的各项议题,如政治、人权、环境等。

进入社交媒体时代后,脸书(Facebook)、推特(Twitter)等社交媒体曾被认为是自由和开放的网络社区,但在最近几年的各种事件中,可以看出其中虚假账号的操纵和意见的极化。马诗远等人在分析海外三大主流社交媒体(推特、脸书和Instagram)上发布的与北京相关贴文时发现,北京本身的形象内涵很大程度上被架空,几乎被国家政治形象完全占位。按照《北京城市总体规划(2016年—2035年)》明确的全国政治中心、文化中心、国际交往中心、科技创新中心等城市形象定位划分相关语料,北京的其他形象定位均被湮没在充满恶意的政治内容中。⑦

马诗远等人的研究将相关的社交数据可视化后发现,作为政治中心的语料占比过高,其他方面定位的语料占比极低,在可视化的图形中呈现出一个明显的"冰锥型"。区别于《泰晤士报》《明镜》周刊、《费加罗报》等媒体机构,

---

① [美] 凯文·林奇. 城市的印象 [M]. 项秉仁,译. 北京:中国建筑工业出版社,1990:3-27.
② Foot, John M., "From boomtown to bribesville: the images of the city, Milan" [M]//Urban History, vol.26, no.3, 1999, 393–412.
③ 欧亚. 推特平台的北京国际形象及其传播模式研究 [J]. 对外传播,2021(5):61-64.
④ 王宁,张璐,曹斐. 英国媒体中的北京形象:基于《泰晤士报》2000—2015年的框架分析 [J]. 西安外国语大学学报,2017(4):1-6.
⑤ 徐剑,董晓伟,袁文瑜. 德国媒体中的北京形象:基于《明镜》周刊2000—2015年涉京报道的批判性话语分析 [J]. 西安外国语大学学报,2018(26):57-61.
⑥ 曹永荣,杜婧琪,王思雨. 法国媒体中的北京形象:基于《费加罗报》2000—2015年的框架分析 [J]. 西安外国语大学学报,2018(26):61-65.
⑦ 马诗远,郑承军. 新信息环境下海外社交媒体中的北京形象研究 [J]. 现代传播(中国传媒大学学报),2021(43):150-157.

社交媒体分散化的用户讨论也出现这种情况,其实是社交媒体的意见领袖和主流用户都将北京作为中国或者政府的代称,借用北京发布与政治相关的议题。这个"冰锥型"的出现,夸大了北京作为中国首都在政治层面的占比,同时掩盖了北京作为一座城市在文化科技等领域的内涵和发展。[①]

在传统的新闻传播语境下,这种将北京抽象为政治符号的新闻报道从不缺乏市场,在西方媒体占据先发优势的大背景下,一味地增加话语权竞争和新闻媒体的相关投入可能效果有限。要改变这种现状,需要寻求不同的传播载体,将北京的文化内涵作为关注的核心,重视文化传播是改变北京国际形象和国际传播格局的关键。

二、影视剧输出与城市形象

作为一种文化产品,拍摄发生在北京这个城市的影视剧对于传播该城市的形象有着独特的优势和重要的意义。利用影视剧来传播城市形象的路径主要包括 3 个方面:影视剧以城市的人文景观为背景、影视剧以城市的故事作为主题,以及影视剧产业带动的城市形象传播。影视剧可以彰显城市的特色并承载城市的文化内涵,从而扩大城市知名度,增强城市的文化竞争力,如《乔家大院》对山西祁县的传播,《成都往事》对成都民俗文化的传播等。[②]

实际上,任何一部影视剧都会有相应的环境,这些环境展现着一个城市的自然景观、人文景观和社会风貌。在中国香港地区,TVB 影视剧立足香港本土的环境和文化,通过在东南亚、欧洲、澳洲等地的分支机构,对外输出了一批优秀的影视剧,对香港形象在海外的传播产生了较大的影响力。如 TVB 电视剧中维多利亚港的城市景观,这是一种视觉符号的传播,让不少观众想到香港就会想到某种特定的视觉符号,从而提升一个城市的国际形象。除了视觉符号的传播,TVB 影视剧最重要的还是对香港文化信息的传播,如《创世纪》中香港国际化都市的形象、《识法代言人》体现的法治社会、《识法代言人》体现的服务型政府。此外,TVB 也会安排专门的"海外发行剧",如《迷情家族》

[①] 马诗远,郑承军. 新信息环境下海外社交媒体中的北京形象研究 [J]. 现代传播(中国传媒大学学报),2021 (43):150–157.

[②] 朱鸿军,王玉玮. 电视剧的城市形象传播与文化软实力竞争 [J]. 江苏大学学报(社会科学版),2010 (12):11–15.

等电视剧在海外发行的过程中,香港的形象也随之传播到世界各地。[①]

在美国好莱坞发展的过程中,对很多城市形象的传播和发展产生了巨大作用。例如在《教父》中,纽约的曼哈顿大桥、帝国大厦都成为了重要的视觉符号;在《西雅图不眠夜》中,帝国大厦的最高处则是主角见面的地方;在《当哈利遇见莎莉》中,则展示了 Katz's 熟食店的场景,吸引了大量影迷前来打卡。这些电影中的场景和符号都在全球观众的心中塑造了纽约作为一个国际化城市具体可感的形象,并强化了特定的文化符号。

在某些影视作品中,城市也会作为影视故事发生的关键背景,从而使得城市和相应的电影深度绑定。如在电影《罗马假日》中,赫本饰演的安妮公主和格利高里·派克饰演的记者在罗马参加了音乐晚会,这一场景让很多观众印象深刻,同时也是罗马悠久的历史和建筑文化向全球观众的一次展示。又如,提到卡萨布兰卡,很多观众便会想到电影《卡萨布兰卡》中的场景,并且很多游客专门去摩洛哥旅行,就是为了在卡萨布兰卡的咖啡厅点一杯咖啡。

值得注意的是,在全球影视剧传播的历史中,政府有时会对影视剧的制片和出口进行补贴和干预,从而更好地传播国家的价值观和城市文化。美国政府主要通过对好莱坞进行制片补贴和退税来支持好莱坞电影在全球的传播。好莱坞因受到美国政府的影响,一直在推广美国的文化和价值观,从而潜移默化地影响全球对美国及美国城市的看法。在威尔逊总统时期,"出口的电影中必须含有 20% 的教育内容,所有不利于美国的正面形象及其价值观传播的电影都严禁出口"[②]。

可见,影视剧对于城市形象的传播有着非常重要的意义,而为了扩大文化影响力,政府对影视行业的支持则是很多国家的常见做法。1956 年,新中国与埃及建交后,中国政府就开始推动中国影视作品在非洲的译制和传播。1957 年在捷克布拉格、1958 年在开罗、1963 年在阿尔及尔相继开设了 3 个中影公司的驻外机构。并筛选纪录片参加非洲电影节。到 1963 年,中国"将《红色娘子军》《花儿朵朵》《小铃铛》等一批故事片、纪录片译配成邦巴拉语,在马里和周边西非地区上映"[③]。标志着中国的影视剧正式进入非洲市场。

[①] 杨晋亚. TVB 电视剧对香港城市形象的传播 [J]. 电视研究,2011(10):78-80.
[②] [加拿大] 马修·弗雷泽. 软实力:美国电影,流行乐,电视和快餐的全球统治 [M]. 刘满贵,译. 北京:新华出版社,2006:33.
[③] 陆孝修,陆懿. 中国电影非洲市场回顾 [J]. 世界电影,2004(6):168-173.

相较单纯文字的宣传报道,王魏认为,真实的影像更能打动人心,应当作为重要的国际传播渠道为相关部门所重视。① 而相比纪录片的传播,影视剧在满足娱乐信息需求、引发文化观念和审美共鸣等方面,更易于为非洲受众所接受。② 中国影视剧在非洲的传播也让非洲观众在轻松、娱乐的氛围中认识中国,了解中国人民,"入耳、入脑、入心",潜移默化地接受和认可影视产品中传达的中国生活方式、文化、价值观,有效提升了我国的文化软实力。③ 而从城市形象传播的实践来看,影视剧中的生活方式、文化、价值观本身就是城市形象最为重要的组成部分。

在跨文化传播与交流方面,非洲各国作为中国在政治、经济上已团结发展数年的重要合作伙伴,被政府部门高度重视。而中国影视剧在非洲传播的过程中,随着"北京优秀影视剧非洲展播季"的举办逐步建立了稳定的传播渠道,北京的影视剧成为了中国影视剧在非洲传播最为重要的组成部分。因此,在塑造北京城市形象方面,北京影视剧在非洲传播有着良好的基础和独特的地位。

三、北京影视剧在非洲传播的独特性

北京影视剧在非洲传播的独特性主要体现在 3 个方面:第一是传播内容的来源。北京影视剧在非洲的版权内容来源经历了从官方主导到市场化采购的过程。第二是传播渠道的变化。北京影视剧在非洲最初的传播渠道仅限于电影节、影视大篷车等活动,这些活动受到多种因素影响并不稳定,近年来形成了专门的中国影视剧频道,使得北京影视剧在非洲有了固定的播出渠道。第三是北京影视剧在非洲获得了一批固定的观众群体,逐步被更多的非洲民众认可、接受。

(一)传播内容:从官方主导到市场化采购

2012 年,国家新闻出版广电总局开始实施"中非影视合作工程"等影视

---

① 王魏. 中国影视剧海外传播作用分析 [J]. 中国广播电视学刊,2020(9):85-88.
② 龙小农,卢奕尧. 中国影视剧对非传播中的国家形象建构——以"北京优秀影视剧非洲展播季"为例 [J]. 中国电视,2018(4):70-75.
③ 王魏. 中国影视剧海外传播作用分析 [J]. 中国广播电视学刊,2020(9):85-88.

交流合作项目。中国国际广播电台作为"中非影视合作工程"的译制主体,译制了斯瓦希里语版的《媳妇的美好时代》等一批影视作品,一经播出在坦桑尼亚等东非国家取得了成功。[1]

除国家支持的影视剧传播活动外,北京市广播电视局从2014年发起了"北京优秀影视剧非洲展播季",该展播季自2018年起更名为"北京优秀影视剧海外展播季·非洲",共译制大量电视剧、电影和动画片,涉及英、法、葡、斯瓦希里语、豪萨语等10余种语言。[2](见表1、表2)

表1 "北京优秀影视剧非洲展播季"剧目汇总(2014—2017年)[3]

年份	类别	作品名称
2014	电视剧	《咱们结婚吧》
		《奋斗》
		《我的青春谁做主》
		《北京青年》
		《婚姻保卫战》
		《无贼》
2015	电视剧	《青年医生》
		《小儿难养》
		《老米家的婚事》
		《平凡的世界》
	电影	《失恋33天》
		《重返20岁》
		《分手合约》
		《左耳》

---

[1] 金海娜. 中国影视作品对外译制模式探析——以坦桑尼亚为例[J]. 中国翻译,2017(4):33-37.
[2] 中国新闻网. 北京优秀影视剧海外展播季:132部影视作品走进非洲[N/OL]. 2021-05-28[2022-08-05]. https://www.chinanews.com.cn/gn/2021/05-28/9487763.shtml. 相关数据来自对四达时代中国影视剧频道负责人的访谈.
[3] 龙小农. 促发展·惠民生·通民意:民企在对非传播中的作用——以四达时代集团为例[J]. 对外传播,2016(5):16-18.

续表

年份	类别	作品名称
2016	电视剧	《大猫儿追爱记》
		《爱的保镖》
		《邻居也疯狂》
		《刀客家族的女人》
		《妈祖》
	电影	《滚蛋吧！肿瘤君》
		《北京遇上西雅图》
		《北京爱情故事》
		《北京遇上西雅图之不二情书》
		《匆匆那年》
2017	电视剧	《守护丽人》
		《咱们相爱吧》
		《神犬小七》
		《老爸当家》
	电影	《一切都好》
		《寒战1》
		《寒战2》
		《奋斗》电影版

表 2　"北京优秀影视剧海外展播季·非洲"剧目汇总（2018—2020 年）

年份	类别	作品名称
2018	电影	《泰囧》
		《画皮2》
		《一代宗师》
		《奔跑吧兄弟》
	电视剧	《花千骨》
		《后厨》
2019	电视剧	《小别离》
		《三生三世十里桃花》
		《锦绣未央》
		《我的！体育老师》
		《大唐荣耀》
		《西游记》

续表

	动画片	《喜羊羊与灰太狼》
		《熊出没》
		《开心超人》
		《酷杰的科学之旅》
2020	电视剧	《小欢喜》
		《女医明妃传》
		《漂亮的李慧珍》
		《斗破苍穹》
		《芸汐传》
		《金牌投资人》
		《人间至味是清欢》
	动画片	《鹿精灵》
		《豆乐儿歌》
		《精灵梦叶罗丽》

北京市广播电视局发起的"北京优秀影视剧非洲展播季"推动了不同时期中国影视剧在非洲的播出，但北京市政府支持的影视剧的规模和范围毕竟有限，在前期官方支持的基础上，近年来以官方和商业机构合作或者纯商业机构的影视传媒公司在非洲逐步兴起。商业公司在非洲可以更好地结合市场需要进行影视作品的出口，使出口到非洲的中国影视作品的范围和题材更加广泛，四达时代是其中较为具有代表性的商业机构。

根据四达时代公司官方网站的数据，该公司在非洲30多个国家注册成立公司并开展数字电视和互联网视频运营，目前有数字电视用户1300万，移动端用户2000万。四达时代现在在非洲拥有三大基础网络平台，即节目中继平台、直播卫星平台以及地面数字电视传输平台。C波段卫星节目中继平台使得四达的卫星信号可以覆盖整个非洲、整个欧洲和亚洲的一部分；直播卫星信号可覆盖撒哈拉以南45个国家、9.3亿人口。地面数字电视平台建有大功率数字电视发射台174座，覆盖城市人口近3亿。[①]

---

① 相关数据来自对四达时代中国影视剧频道负责人的访谈．

在从官方主导到市场化采购的过程中,四达时代逐步掌握了中国影视剧出口非洲全流程的工作,并在公司内部成立了专门的版权中心。基于对四达时代中国影视剧频道主编的访谈,四达时代版权中心主要参考历史上相同类型作品的收视率、非洲项目国人员的反馈等因素来选片采购影视剧。值得注意的是,近年来四达时代也有大量的影视作品在非洲通过版权分售的方式销售给非洲的当地电视台,版权可以增加企业盈利,从而进一步促进对中国影视作品的商业采购,如《好妻子》等影视作品的版权就曾在非洲二次版权分售。

(二)传播渠道:从影视展映到固定渠道

此前,中国影视剧在非洲的传播并无固定渠道,主要通过非洲中国电影展、中非国际电影节、中国电影非洲行等展览式的活动进行。北京市广播电视局的"北京优秀影视剧非洲展播季"为北京影视剧在非洲的传播提供了一个较为固定的传播渠道。

随着四达时代在非洲的发展,该公司专门建立了中国影视剧(Sino Drama)和中国功夫(Kung Fu)两个电视频道来播出中国影视剧。电视剧频道的建立为北京影视剧在非洲的传播建立了更为稳定的传播渠道,这意味着非洲的电视观众不再受到电影节等活动时间的局限,在任意时刻都可以方便地收看到来自北京的影视剧(见表3)。除了电视平台,四达时代也为非洲用户开发了移动端APP,在APP中,可以随时点击观看相应的影视剧。

表3 中国影视剧(Sino Drama)频道某天在东非区域的排片表[①]

东非时间	作品名称
1:00	《姐姐立正向前走》
3:00	《老爸当家》
7:00	《欢乐颂》
10:50	《情谜睡美人》
11:35	《中国梦》

---

① 王魏. 跨文化语境下中国影视译制剧"走出去"的新突破——以影视译制剧在非洲的传播为例[J]. 中国广播电视学刊, 2015(7): 29-32.

续表

东非时间	作品名称
11：40	《情谜睡美人》
14：10	《智勇大冲关》
15：00	《功夫联盟》
16：40	《仙剑奇侠传一》
19：10	《流星花园》
20：00	《正阳门下的小女人》
20：45	《中国梦》
20：50	《我在北京等你》
21：40	《苗翠花》
22：30	《重返二十岁》
0：10	《超越》

从以上排片表可以看出,《正阳门下小女人》《我在北京等你》都是以北京为故事背景的影视剧,依托中国影视剧(Sino Drama)频道,非洲电视观众可以更为直观地感受北京的城市风貌和城市文化。值得一提的是,《超越》是一部以2015年北京申办2022年冬季奥运会成功为历史背景的电视剧,这部电视剧的播出,进一步提升了北京作为国际交流中心的形象。

传播渠道的固定不仅有利于北京影视剧的传播,在将来可能会更加正向促进北京影视剧拍摄及版权采购和非洲的交流。从现实情况来看,因为部分中国影视作品在拍摄时并没有考虑到出口国观众的喜好,所以中国国内的影视作品供给与非洲电视观众的需求和喜好有时候无法精确匹配。例如《小欢喜》虽然在国内取得了非常不错的播放成绩,但在非洲,由于很多观众很难理解北京高考的社会背景,有时很难感同身受地理解剧情中的矛盾和选择。为了改善这种情况,增进非洲观众对中国文化的理解,在非洲运营的中国传媒公司急需从影视剧的策划及制作层面入手进行一定传播规划。而传播渠道的固定带来非洲观众群体的沉淀,则会给非洲运营的中国传媒公司带来正向激励,逐步将非洲电视观众的需求传导到国内的制片和版权采购环节,使得北京出口到非洲的影视剧更符合非洲观众的喜好。

（三）传播效果：非洲民众的接受度

与欧美国家相比，多数非洲民众可消费的文化产品较为有限，因此给中国影视作品在非洲的传播带来了更大的市场空间。其中，拍摄于北京的电视剧《媳妇的美好时代》就受到了坦桑尼亚等国观众的喜爱，"坦桑尼亚和中国一样也是重视家庭的国家，往往是一大家人生活在一起，也有着同样的婆媳问题，因此这类讲述当代普通老百姓家庭生活题材的剧集，在坦桑尼亚有着深厚的受众基础"[①]。类似的例子还有斯瓦希里语版的中国都市情感剧《金太郎的幸福生活》，这部剧以北京为故事背景，主角小米是北京某报社记者。埃及观众黑塞姆是"金太郎"的"粉丝"，他说："这部剧的剧情我感觉一点都不陌生，甚至就像是在讲我们埃及年轻人的故事。剧中的男孩是一个刚刚毕业的年轻人，事业刚刚起步，当然不具备充足的物质条件，在这种情况下女孩的妈妈又希望女儿嫁给一个北京的本地人，这简直跟我们的情况一模一样，比如，很多开罗的家长也不愿意自己的女儿找一个外地年轻人结婚。"[②]

《北京爱情故事》和《奋斗》则更深地展现了北京青年人的爱情和生活，其中《北京爱情故事》是第一部使用西非地区主要语言豪萨语进行配音译制的中国电视连续剧。为了配音语言的原汁原味，《北京爱情故事》专程从尼日利亚甄选出适合剧中角色的演员到北京进行配音。在录制的过程中，中国国际广播电台的影视译制中心还专门配备了语言专家进行现场指导，一旦发现语言问题立即更正。[③]

由此可见，中国影视剧在非洲的传播确实取得了一定成绩，在这个过程中，文化溢价与文化折扣则是普遍存在的现象。文化溢价与文化折扣可以被认为是跨文化传播内容接受差异的两个方面，其中文化溢价原指在消费经济的市场条件中，在产品本身性能差异之外，因文化因素而产生的西方产品高于中国产品的长期定价差异。[④] 在影视剧的跨文化传播方面，文化溢价则体现为作品因展现了他者文化受众所喜欢或者熟悉的要素而获得了溢出作品本身

---

① 王魏.中国影视剧海外传播作用分析[J].中国广播电视学刊，2020（9）：85-88.
② 王魏.跨文化语境下中国影视译制剧"走出去"的新突破——以影视译制剧在非洲的传播为例[J].中国广播电视学刊，2015（7）：29-32.
③ 王洋.伦理结构、尊卑与社会生产[M].北京：中国经济出版社，2011：1-16.
④ 陈曦，刘书亮.西方视域下中国电影的类型优势、文化折扣与文化溢价——基于 IMDb 与豆瓣网数据的实证研究[J].当代电影，2021（11）：147-153.

价值的总体评价的现象。① 龙小农与卢奕尧在中国影视剧对非传播的研究中指出,"影视欣赏的距离感建立在价值认同、理想与愿望协同的基础上。这种距离能为受众提供理想化情景和人物,使其获得一种理想和幻想的投射,可以有所追求,甚至哪怕是实现一种'虚幻的满足'。同时,受众的观赏心理存在极化现象,要么喜欢看那些距离遥远,但暗合自己某种观念框架和想象的东西;要么喜欢看与自己生活比较接近的东西。中国部分影视剧在非洲国家受到追捧,正是因为基本满足了以上受众观看影视剧的心理需求。"② 这里所强调的观赏距离感、价值认同、极化心理需求就是对部分影视剧作品会出现文化溢价原因的阐释。

中国动作类影视剧作品在非洲也存在"文化溢价"的可能:动作类影视剧一方面可以跨过语言障碍让非洲观众更容易理解;另一方面则具有相对明显的异域文化因素,有更大可能吸引非本土观众的关注。而武侠等动作类影视剧又往往与古装元素同时出现,其体现的异质性会在一定程度上增加观众的兴趣。在中国电视剧市场并没有得到完全正面评价,甚至产生过负面争议的《大汉情缘之云中歌》就成为了部分非洲观众非常喜爱的剧集。③ 而生活与家庭伦理题材影视剧中也不乏蕴含了人类共通价值的作品,能够引起跨文化受众的普遍共鸣。

四、超越政治化符号:从新闻传播到文化传播的城市形象建构

基于前文的讨论,针对北京国际形象传播中面临的城市形象被政治符号化主导的问题,本文提出一种从新闻传播转变为文化传播的理念。在传统的新闻传播中,由于欧美媒体仍然在国际新闻传播中占据主导地位,这种地位很难在短时间内被突破。在西方媒体主导的国际新闻传播领域,北京很多时候被剥离文化内涵,成为了代表中国的政治符号,城市形象常被政治、人权、环境等负面议题覆盖。如果一味追求国际新闻话语权的对抗,可能导致事倍功半。

---

① 龙小农,卢奕尧. 中国影视剧对非传播中的国家形象建构——以"北京优秀影视剧非洲展播季"为例[J]. 中国电视,2018(4):70-75.
② Xinhua: Chinese drama gaining traction in Kenya. CGTN Africa[N/OL],2021-07[2022-08-05]. https://africa.cgtn.com/2021/07/26/chinese-drama-gaining-traction-in-kenya/.
③ Schwartz, S. H.,"Mapping and interpreting cultural differences around the world. In Comparing cultures,"[M]//S. H. Schwartz. Comparing cultures. Leiden:Brill Publishers,2004:43-73.

因此，为了改善北京城市形象政治符号化的问题，在国际上建构一个城市形象更加丰富立体的北京，从新闻传播向文化传播的转变是重要的路径。影视剧作为当代最重要的文化形态之一，加之北京的影视剧在非洲广泛传播，具有独特的市场地位，因此，影视剧可以作为北京形象在非洲传播的重要载体。北京影视剧在非洲的传播，已经初步体现了非意识形态、非政府主体、非西方中心的文化内容在非洲蕴藏的巨大力量，建构了北京形象在非洲传播的新格局。

北京影视剧在非洲传播的过程中，北京作为一座城市本身的文化以及影视剧反映出的文化都是传播的关键因素。在施瓦茨构建的文化理论中，"国家可以作为一个文化单元"（Nations as a Cultural Unit）。此前大多数研究都将民族作为主要文化单元，而施瓦茨的研究表明，在国家间文化距离的背景下，国家内部文化价值取向的相似性是相当可观的。① 考虑到城市作为国家的子集，城市本身也可以作为一个独立的文化单元，这便是北京在非洲传播一种稳定城市形象的基础。

在跨文化传播研究领域，多位学者曾依据文化间性理论对东西方文化对话的机制进行阐释。文化间性被认为是主体间性在文化领域的延伸，强调主体与他者的动态关联关系。② 作为术语，"文化间性"一词并没有绝对严谨的定义，综合该理论的生成逻辑与其相关的间性形式的解读，蔡熙指出文化间性是文化与他者相互作用与影响时，以承认差异、尊重他者为前提，强调对话和沟通的一种内在关联。③ 骆玮认为："当代的非洲文化实际是非洲本土文化和西方殖民文化相结合的结果。西方的宗教、政治制度、教育文化在殖民时期深深浸染到非洲的每一寸土地，深刻地影响到当代非洲人民的社会生活和思想意识。比如，非洲大多数国家的政治体制追随西方，实行多党制和议会制，非洲国家的民众也具有较强的民主自由观念。"在此背景下，受到西方国家媒体对中国缺乏客观性的报道，非洲部分地区仍然对中国存在误解，时而宣扬"中国威胁论"、时而鼓吹"中国崩溃论"。想要在非洲传播北京的国际形象，打破具有偏见的刻板印象，就需要抛弃传统的新闻话语权对抗的

---

① 朱林. 从主体间性到文化间性：当代少数民族文学跨文化写作的人类学观察 [J]. 内蒙古社会科学，2022（3）：132-140.
② 蔡熙. 关于文化间性的理论思考 [J]. 大连大学学报，2009（1）：80-84.
③ 骆玮. 当代中国影视作品对非洲传播战略研究 [J]. 考试周刊，2015（87）：17-18.

方式,借鉴文化间性理论所提倡的交往对话方式,以包容的态度,依托影视剧等文化产品,在与异质文化交流的过程中进行创新,在文化重组过程中产生共同价值。

胡钰系清华大学新闻与传播学院教授、博士生导师;李亚东系清华大学新闻与传播学院博士研究生

编后记

2022年9月,在北京一年中最美好的季节,第三届"爱上北京的100个理由"短视频征集大赛帷幕渐开。这项由北京市人民政府新闻办公室主办的文化外宣品牌活动已成功举办两届,吸引了百余个国家和地区的3 000余名外国友人参与,累计征集了近5 000部作品。今年,"爱上北京"的接力棒交到了新华社新闻信息中心的各位同仁手中,期待在京的外籍人士继续通过这一平台抒发对北京的爱,让来自世界各地的朋友聆听北京、触摸北京、感知北京,进而爱上北京,展现"多YOUNG北京"的年度主题。

回望"爱上北京的100个理由"短视频征集大赛一路走来,不由感慨万千。2020年10月至次年5月,首届"爱上北京的100个理由"短视频征集大赛在北京市人民政府新闻办公室的领导与支持下,由北京第二外国语学院首都对外文化传播研究院、北京对外文化传播研究基地承办,开启了官方发力搭台、校企密切合作、聚焦短视频传播和个体叙事的首都文化外宣新征程。首届大赛共吸引来自64个国家的近千位外国友人参与,征集短视频作品921部,经过网络投票、专家评审,最终评选、确定各类奖项。2021年5月14日,大赛在故宫博物院报告厅隆重举行颁奖盛典,时任中宣部副部长蒋建国,北京市委常委、宣传部部长莫高义,故宫博物院院长王旭东出席典礼并为获奖代表颁奖。选择故宫这一最具北京城市印记的符号作为颁奖地点,又一次印证了"爱上北京"的主旨,加深了此次活动与北京文化地标的联系,让人印象深刻。故宫博物院院长王旭东在致辞中表示,这也是故宫博物院为实现"文明交流互鉴的中华文化会客厅"愿景所作的一次重要实践。

2022年,第二届"爱上北京的100个理由"短视频征集大赛由中国新闻网接力承办,于2022年1月11日正式启动。适逢北京冬奥会,因此,本届大赛紧扣"双奥之城",抓住各国运动员来华契机,将参赛橄榄枝伸向了外籍冰雪运动员、冬季项目爱好者及自媒体人士,共征集短视频作品超过3 500部,题材丰富,涉猎广泛,从不同角度向世界展现了一个热情、友好、奋进的"双奥之城"——新时代北京。

时光推移,"爱上北京的 100 个理由"短视频征集大赛这一文化外宣品牌活动的影响力也在不断扩大。未来,这一品牌活动将持续举办,首都文化外宣永远在路上。

《北京国际形象与对外文化传播》是 2021 年北京市引导基金项目"'爱上北京的 100 个理由'短视频征集大赛"的重要研究成果。本书自 2022 年 6 月 28 日启动征稿以来,共收到来自中国外文局、中国社会科学院、北京市社会科学院、清华大学、中国传媒大学、北京第二外国语学院、中央广播电视总台、中国日报社等单位的 10 余篇投稿,诸位专家学者的研究全方位、多角度地呈现了北京在 2022 北京冬奥会、抗击疫情、北京文化中心建设等主要时间节点中的城市形象传播与对外文化传播重大成就及成功经验,为本书的编写出版奠定了基石,在此致以敬意、表示感谢!本书的出版有赖于清华大学出版社编辑的悉心审校,在此致以诚挚谢意!也感谢北京对外文化传播研究基地研究员、社会科学文献出版社博士后科研工作站在站博士后孔亮在前期校对与统稿工作中付出的心血!

媒体是国际传播塑造城市形象的主阵地,而社交媒体是国际传播的新赛道。如何用好短视频、互联网这个最大变量,以移动优先为战略,实现国际传播弯道超车,值得学界、业界更深入地思考与实践。是为跋。

曲茹

2022 年 9 月于北京